JN023107

子どもが喜ぶイラストがいっぱい!

オンラインでも役立つ!

小学校 ワークシート&テンプレート

イクタケ マコト 著

DVD-ROM付

カラー・モノクロ両収録!

Windows対応

学陽書房

この本の使い方

小学校の先生が使いやすいテンプレート集です。
そのままコピーしたり、付属のDVD-ROMを使用したりして、ご活用ください。
DVD-ROMデータについては、P.89 ～ 95の「DVD-ROMを使用する前に」をご覧ください。

テンプレート

「時間割」や「賞状」などといった学級経営に欠かせないテンプレートのほか、授業づくりや日々の学習、また、学校の新しい生活様式に役立つものなどを収録しています。学校生活や学校行事、各教科の授業で活用してください。

素　材

壁面飾りや日々のおたより、プリントなどに活用できるイラストなども収録しています。また、各章のとびらのイラストはもちろんのこと、F章のP.85 ～ 88には学校の公式ウェブサイトで活用しやすい画像解像度72dpiのイラストも付属のDVD-ROMに収録されています。学校行事や研究会のしおりの表紙などにご活用ください。

GIFアニメーション

複数のフレームを順に表示できるGIFアニメーションを収録しています。Microsoft Office PowerPointや電子黒板などでご活用ください。

ファイル形式について

本書に掲載しているテンプレートや素材はPNGデータ(.png形式)で収録されています。また、D章とE章の一部にはWordデータ(.doc形式)、F章のP.82 ～ 84にはGIFアニメーションデータ（.gif形式）も収録されています。Wordデータは文字の入力ができますので、ご活用ください。

カラーについて

付属DVD-ROM内のPNGデータには、すべてカラー版とモノクロ版があります。カラー版はファイル名の末尾に「c」が、モノクロ版はファイル名の末尾に「m」が付いています。また、Wordデータにもカラー版とモノクロ版があります（ファイル名の末尾はカラー版が「wc」、モノクロ版が「wm」です)。

この本の見方

フォルダの場所

このページに掲載しているテンプレートまたは素材が付属DVD-ROM内のどのフォルダに収録されているかを示しています。

章・項目名

章とその項目の名前を記載しています。

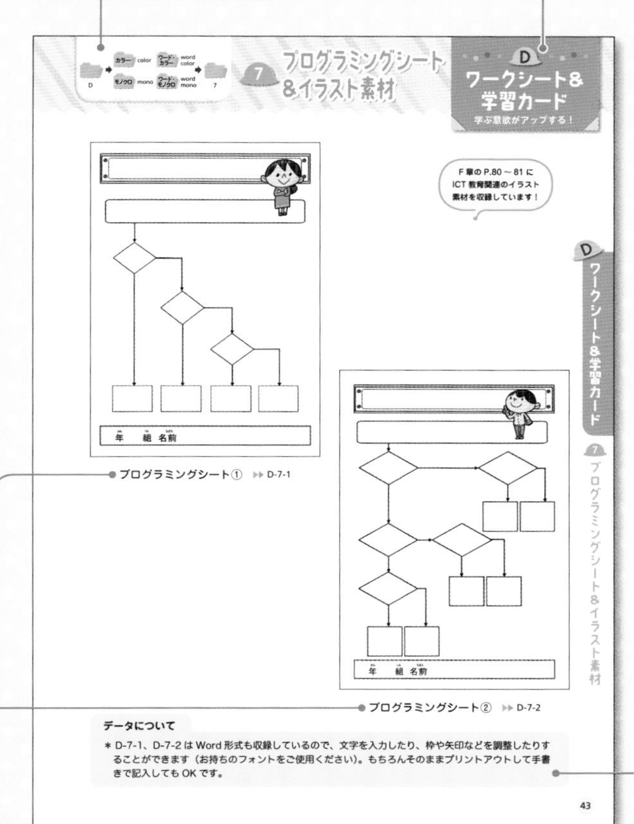

ファイル名

このナンバーが付属DVD-ROMに入っているファイル名です。

Word データ表示

Wordデータがある場合、収録されていることを示しています。

もくじ

A

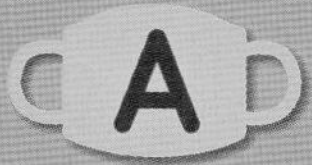

新しい学校生活

みんなで守って、元気に楽しく！

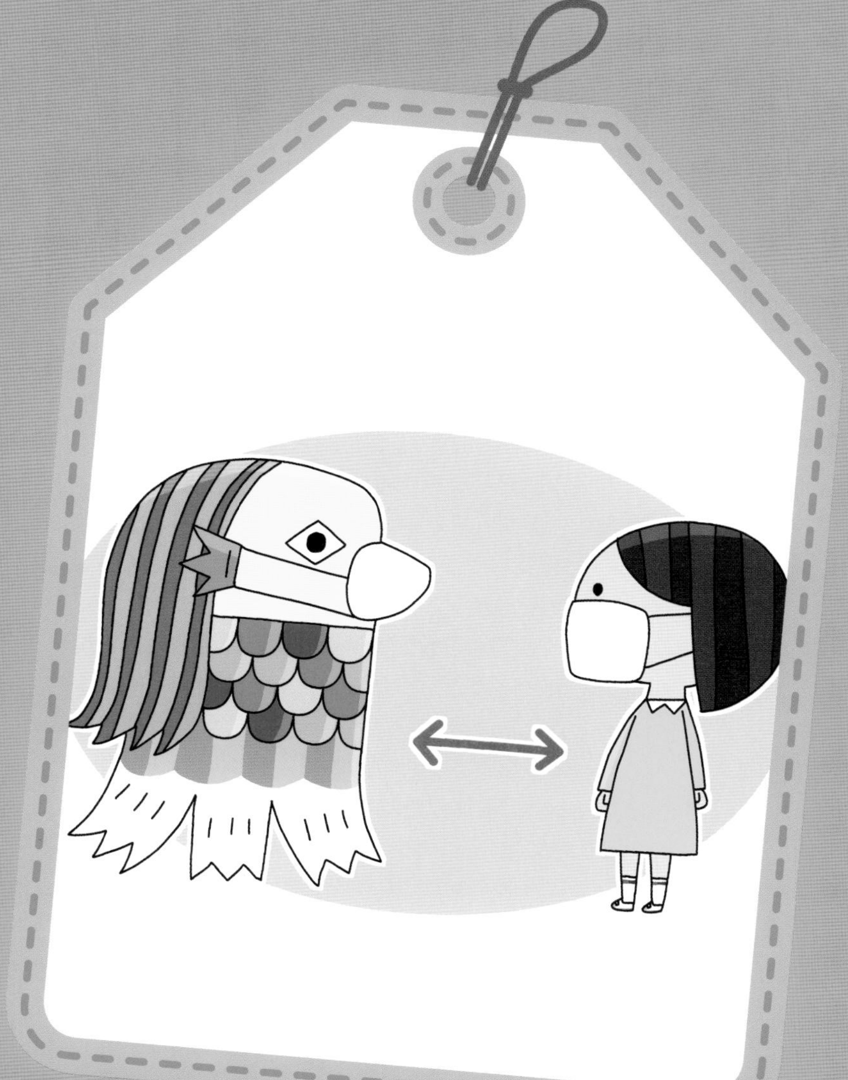

1 手洗い

衛生関連のイラストは、
F 章の P.78 ～ 79 に
収録しています！

手洗い① ▶▶ A-1-1

手洗い② ▶▶ A-1-2

手洗い③ ▶▶ A-1-3

手洗い④ ▶▶ A-1-4

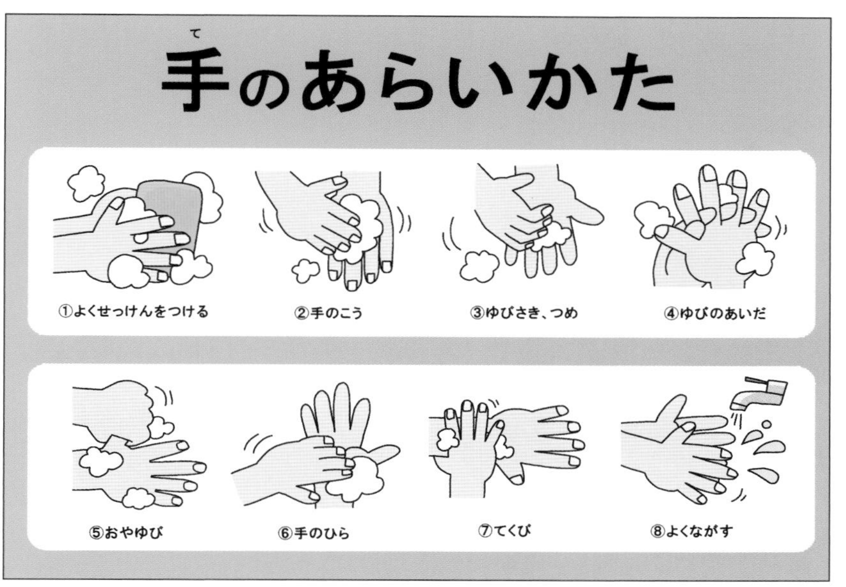

手洗い⑤ ▶▶ A-1-5

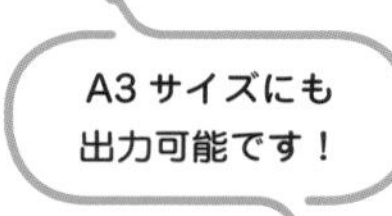

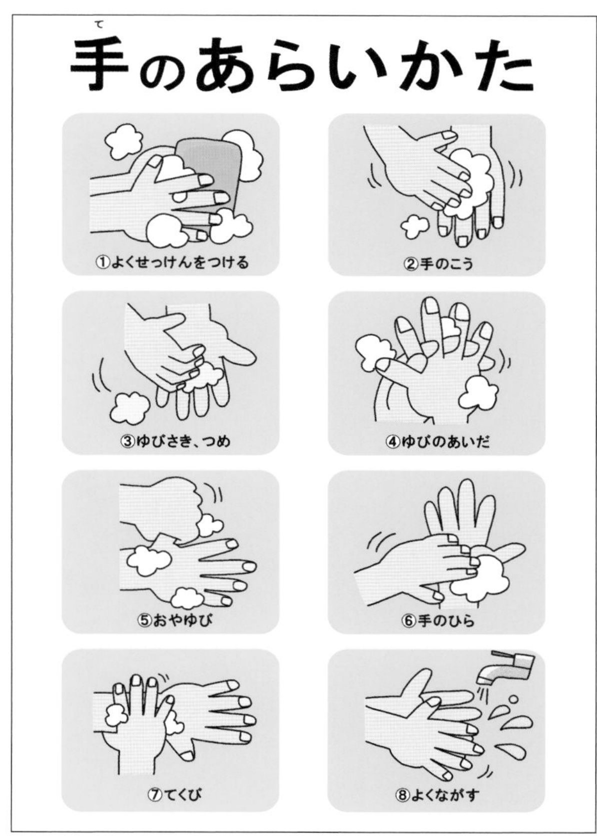

手洗い⑥ ▶▶ A-1-6

2 マスク&せきエチケット

マスク① ▶▶ A-2-1

ラミネート加工すると、
水場などで使用
しやすいです！

マスク② ▶▶ A-2-2

正しいマスクのつけ方

①はなと口を
しっかりおおう。

②ゴムひもを
耳にかける。

③すきまが
ないように
はなまでおおう。

マスク③ ▶▶ A-2-3

A3 サイズにも
出力可能！

せきエチケット① ▶▶ A-2-4

3 うがい

うがい① ▶▶ A-3-1

うがい② ▶▶ A-3-2

うがい③ ▶▶ A-3-3

うがい④ ▶▶ A-3-4

うがい⑤ ▶▶ A-3-5

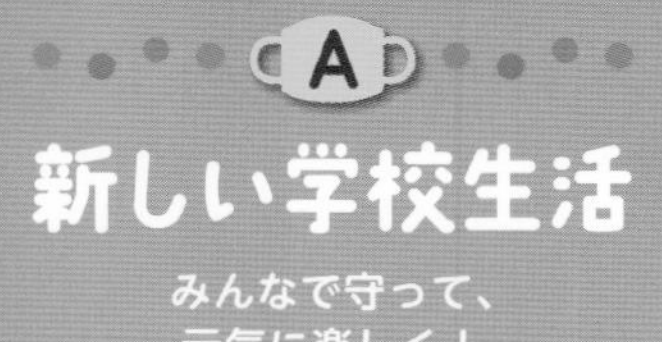

4 ソーシャルディスタンス

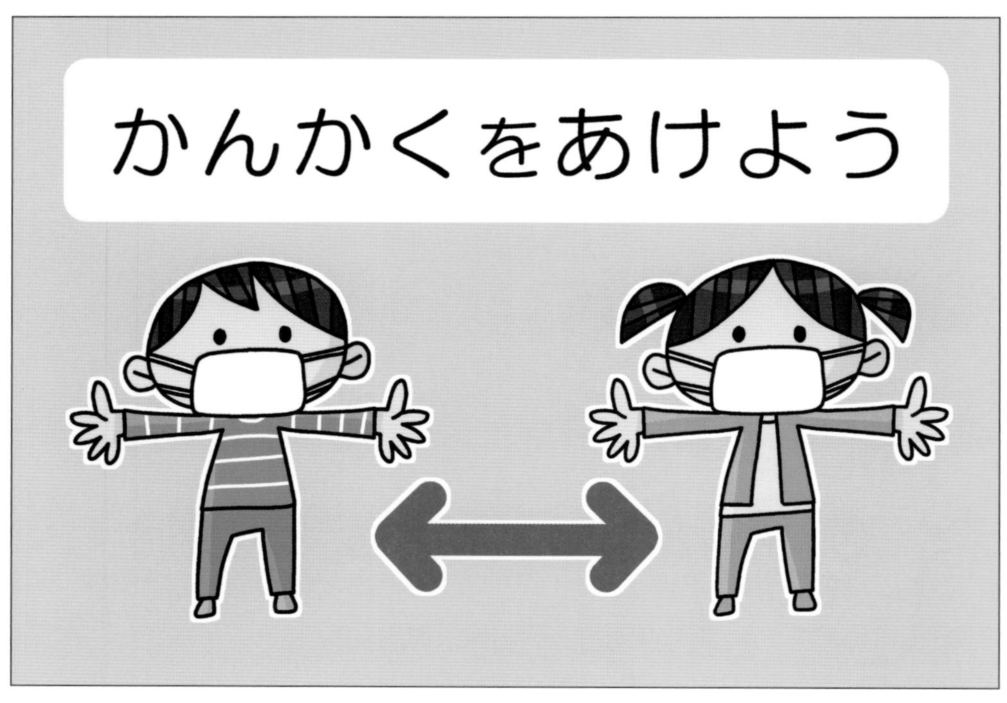

ソーシャルディスタンス① ▶▶ A-4-1

ソーシャルディスタンス② ▶▶ A-4-2

立ち位置のマークや
下駄箱の靴の整理に
使えます！

ソーシャルディスタンス③
▶▶ A-4-3

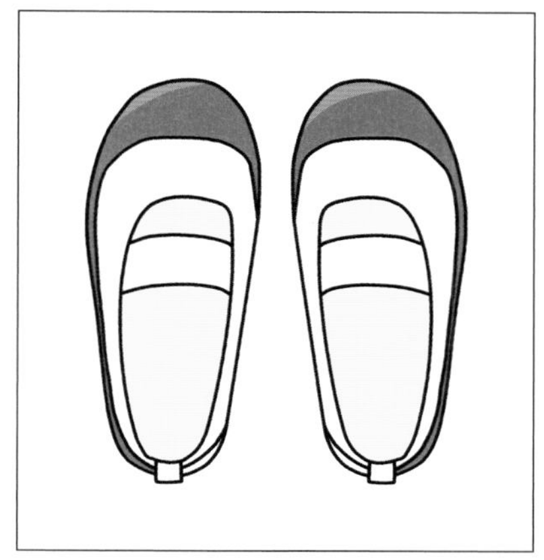

ソーシャルディスタンス④
▶▶ A-4-4

ソーシャルディスタンス⑤
▶▶ A-4-5

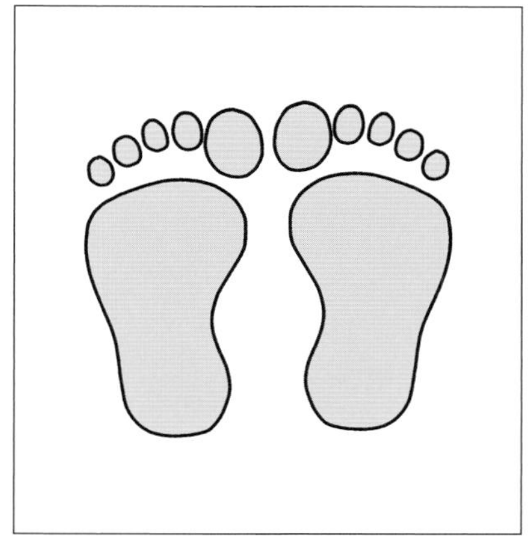

ソーシャルディスタンス⑥
▶▶ A-4-6

ソーシャルディスタンス⑦
▶▶ A-4-7

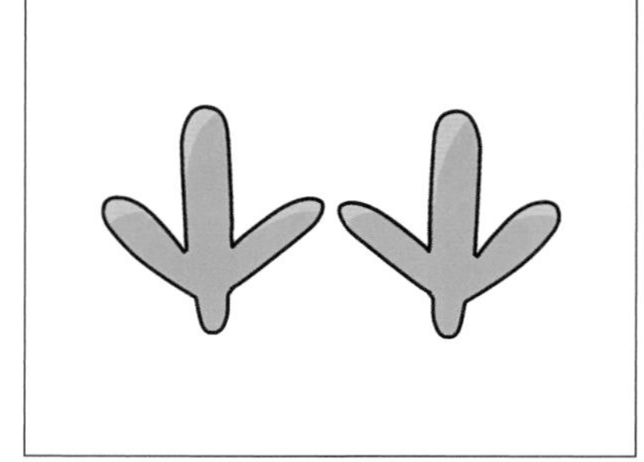

ソーシャルディスタンス⑧
▶▶ A-4-8

5 学校の新しい生活様式

ひらがなタイプは
低学年で！

学校の新しい生活様式① ▶▶ A-5-1

漢字タイプは
高学年で！

学校の新しい生活様式② ▶▶ A-5-2

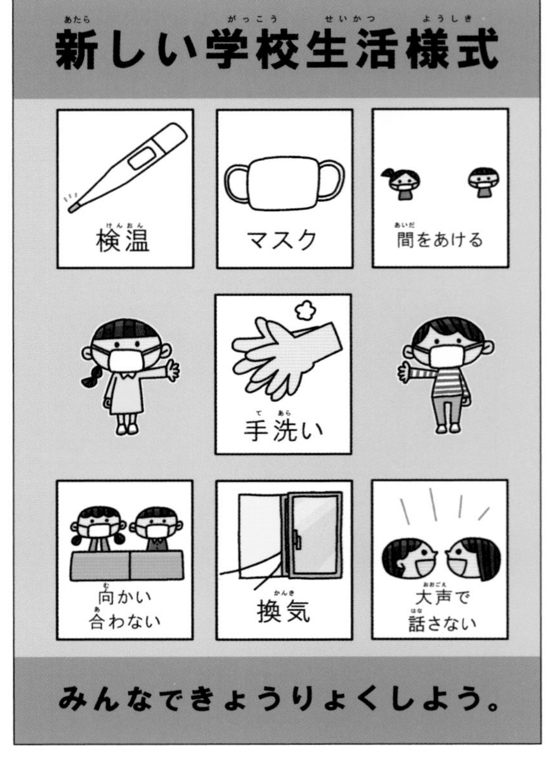

学校の新しい生活様式③ ▶▶ A-5-3

グローバルな世界

地球の未来をつくろう！

1 SDGs 17の目標

1
貧困をなくそう

SDGs 17 の目標① ▶▶ B-1-1

SDGs 17 の目標② ▶▶ B-1-2

SDGs 17 の目標③ ▶▶ B-1-3

SDGs 17 の目標④ ▶▶ B-1-4

SDGs 17 の目標⑤ ▶▶ B-1-5

SDGs 17 の目標⑥ ▶▶ B-1-6

SDGs 17 の目標⑦ ▶▶ B-1-7

SDGs 17 の目標⑧ ▶▶ B-1-8

SDGs 17 の目標⑨ ▶▶ B-1-9

SDGs 17 の目標⑩ ▶▶ B-1-10

SDGs 17 の目標⑪ ▶▶ B-1-11

SDGs 17 の目標⑫ ▶▶ B-1-12

SDGs 17 の目標⑬ ▶▶ B-1-13

SDGs 17 の目標⑭ ▶▶ B-1-14

SDGs 17 の目標⑮ ▶▶ B-1-15

SDGs 17 の目標⑯ ▶▶ B-1-16

SDGs 17 の目標⑰ ▶▶ B-1-17

SDGs とは
「Sustainable Development Goals
（持続可能な開発目標）」の略称です！

子どもたちに
自由に描かせる
台紙として
活用できます！

SDGs 17 の目標⑱ ▶▶ B-1-18

2 日本を学ぼうシート

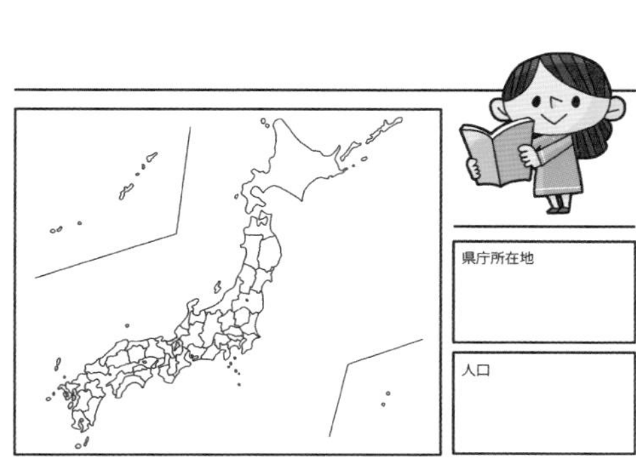

県庁所在地

人口

・名所

・特産品

・とくちょう

年　組　名前

日本を学ぼうシート① ▶▶ B-2-1

都道府県の形や
特徴ある人物、
もの、ことを調べて
書いてみよう！

・県庁所在地　　・人口

・PR

年　組　名前

日本を学ぼうシート② ▶▶ B-2-2

3 世界を学ぼうシート

B → カラー color / モノクロ mono → 3

・首都　　・人口
・PR

年　組　名前

世界を学ぼうシート① ▶▶ B-3-1

世界を学ぼうシート③ ▶▶ B-3-3

首都
人口
・名所
・特産品
・とくちょう

年　組　名前

世界を学ぼうシート② ▶▶ B-3-2

授業アイテム

オンラインでも活用できる！

1 フリップボード

フリップボード① ▶▶ C-1-1

フリップボード② ▶▶ C-1-2

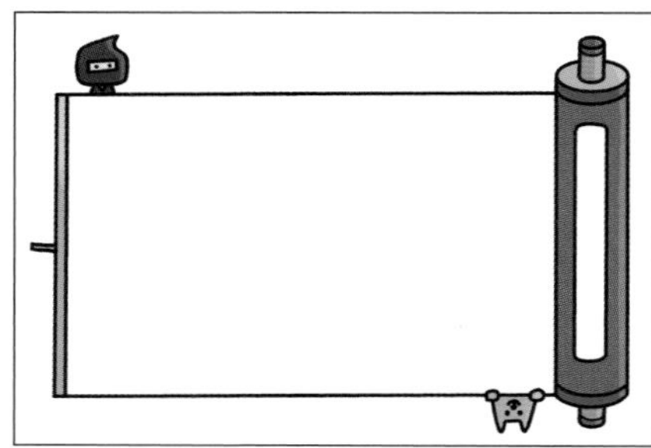

フリップボード③ ▶▶ C-1-3

フリップボード④ ▶▶ C-1-4

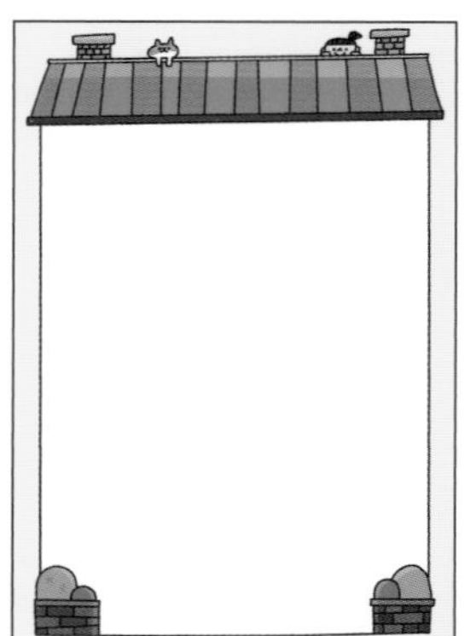

フリップボード⑤
▶▶ C-1-5

フリップボード⑥
▶▶ C-1-6

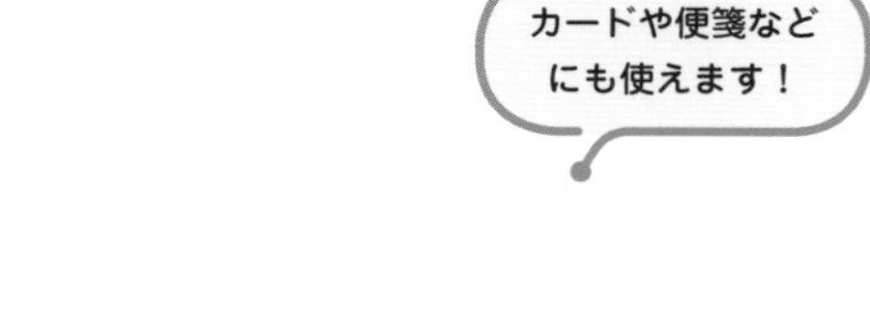

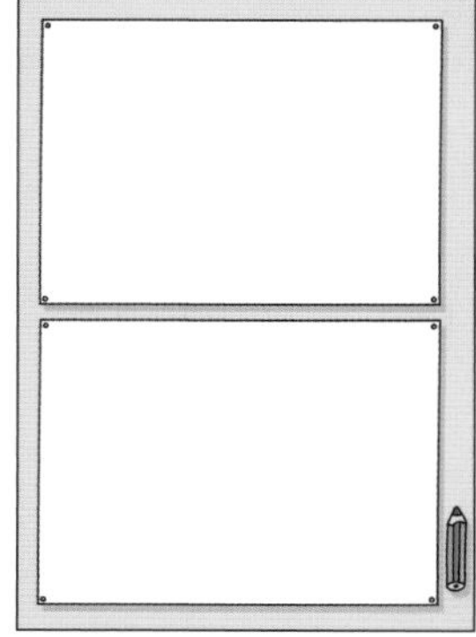

フリップボード⑦
▶▶ C-1-7

フリップボード⑧
▶▶ C-1-8

2 フキダシ

フキダシ① ▶▶ C-2-1

フキダシ② ▶▶ C-2-2

フキダシ③ ▶▶ C-2-3

フキダシ④ ▶▶ C-2-4

フキダシ⑤ ▶▶ C-2-5

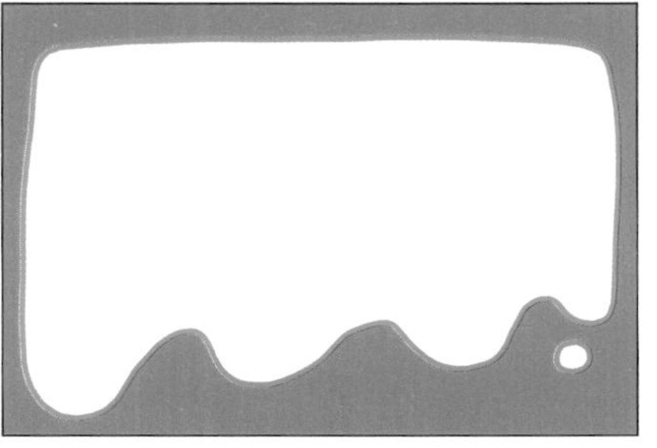
フキダシ⑥ ▶▶ C-2-6

フキダシ⑦ ▶▶ C-2-7

フキダシ⑧ ▶▶ C-2-8

3 顔の短冊

板書のアクセントや
名札にも使えます！

顔の短冊①
▶▶ C-3-1

顔の短冊②
▶▶ C-3-2

顔の短冊③
▶▶ C-3-3

顔の短冊④
▶▶ C-3-4

顔の短冊⑤
▶▶ C-3-5

顔の短冊⑥
▶▶ C-3-6

顔の短冊⑦
▶▶ C-3-7

顔の短冊⑧
▶▶ C-3-8

顔の短冊⑨
▶▶ C-3-9

顔の短冊⑩
▶▶ C-3-10

顔の短冊⑪
▶▶ C-3-11

顔の短冊⑫
▶▶ C-3-12

顔の短冊⑬ ▶▶ C-3-13

顔の短冊⑭ ▶▶ C-3-14

顔の短冊⑮ ▶▶ C-3-15

顔の短冊⑯ ▶▶ C-3-16

顔の短冊⑰ ▶▶ C-3-17

顔の短冊⑱ ▶▶ C-3-18

顔の短冊⑲ ▶▶ C-3-19

顔の短冊⑳ ▶▶ C-3-20

顔の短冊㉑ ▶▶ C-3-21

顔の短冊㉒ ▶▶ C-3-22

顔の短冊㉓ ▶▶ C-3-23

顔の短冊㉔ ▶▶ C-3-24

4 提示アイコン

提示アイコン①
▶▶ C-4-1

提示アイコン②
▶▶ C-4-2

提示アイコン③
▶▶ C-4-3

提示アイコン④
▶▶ C-4-4

提示アイコン⑤
▶▶ C-4-5

提示アイコン⑥
▶▶ C-4-6

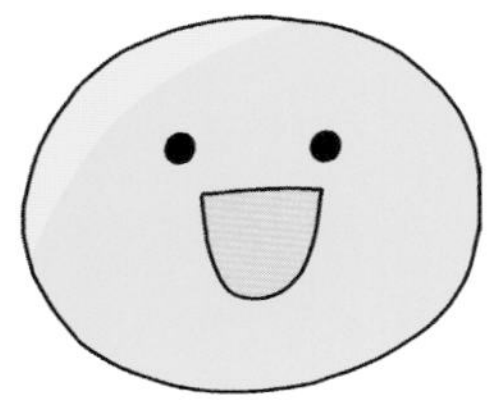
提示アイコン⑦
▶▶ C-4-7

提示アイコン⑧
▶▶ C-4-8

提示アイコン⑨
▶▶ C-4-9

提示アイコン⑩
▶▶ C-4-10

提示アイコン⑪
▶▶ C-4-11

提示アイコン⑫
▶▶ C-4-12

提示アイコン⑬
▶▶ C-4-13

提示アイコン⑭
▶▶ C-4-14

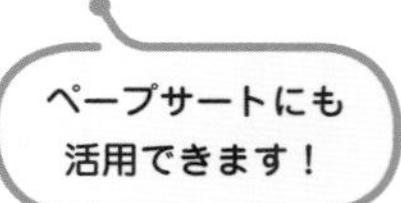

提示アイコン⑮
▶▶ C-4-15

提示アイコン⑯
▶▶ C-4-16

提示アイコン⑰
▶▶ C-4-17

提示アイコン⑱
▶▶ C-4-18

提示アイコン⑲
▶▶ C-4-19

提示アイコン⑳
▶▶ C-4-20

提示アイコン㉑
▶▶ C-4-21

提示アイコン㉒
▶▶ C-4-22

提示アイコン㉓
▶▶ C-4-23

提示アイコン㉔
▶▶ C-4-24

提示アイコン㉕
▶▶ C-4-25

提示アイコン㉖
▶▶ C-4-26

さんせい
賛成

提示アイコン㉗
▶▶ C-4-27

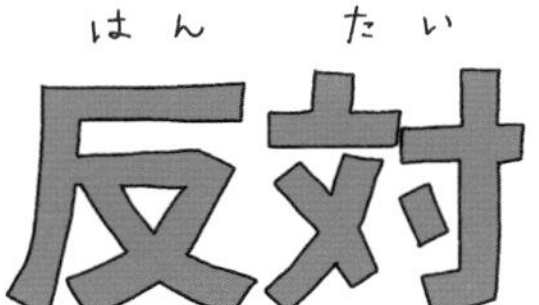

提示アイコン㉘
▶▶ C-4-28

5 発言ボード

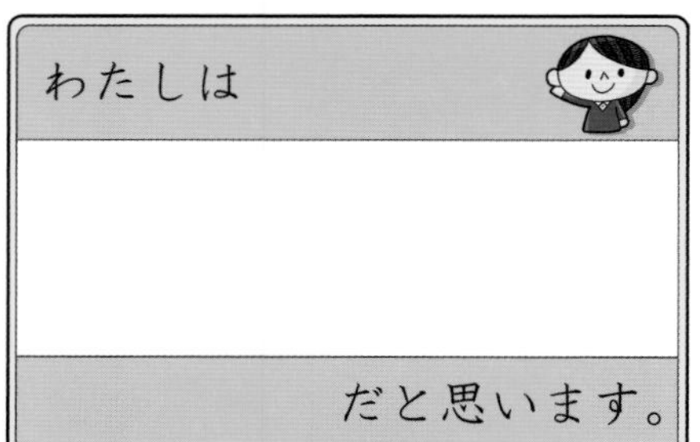

発言ボード① ▶▶ C-5-1

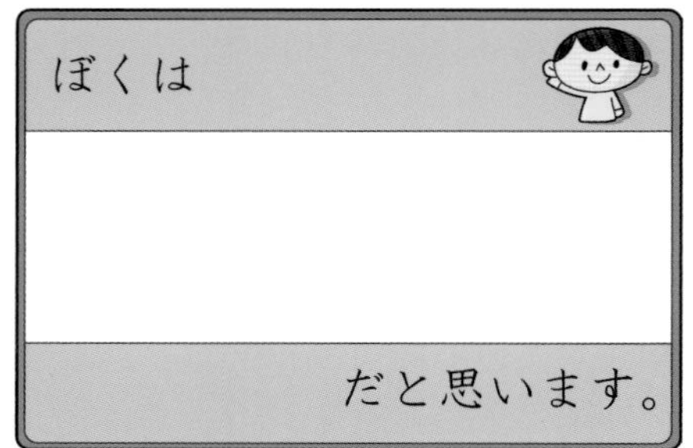

発言ボード② ▶▶ C-5-2

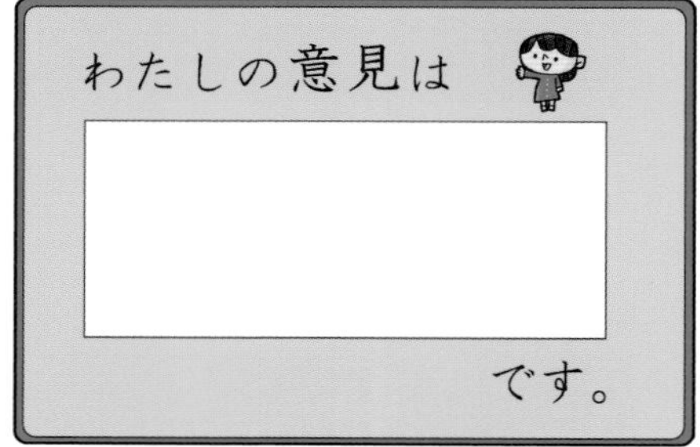

発言ボード③ ▶▶ C-5-3

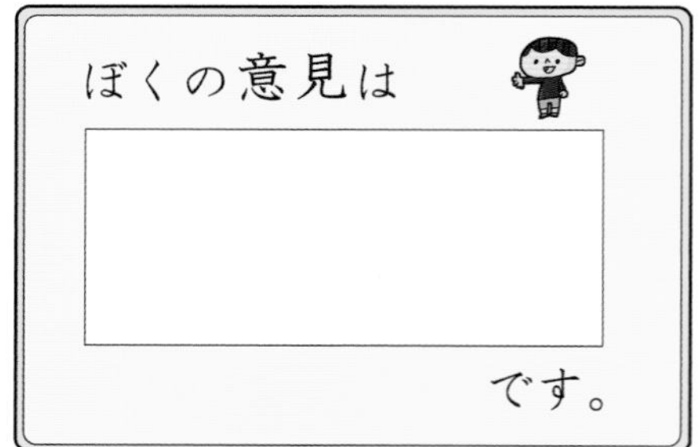

発言ボード④ ▶▶ C-5-4

発言ボード⑤ ▶▶ C-5-5

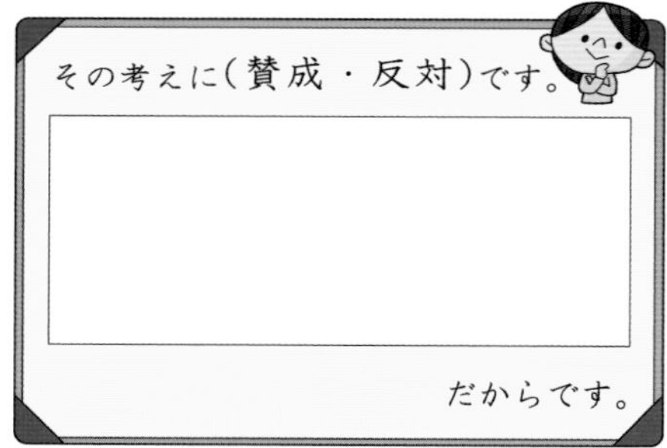

発言ボード⑥ ▶▶ C-5-6

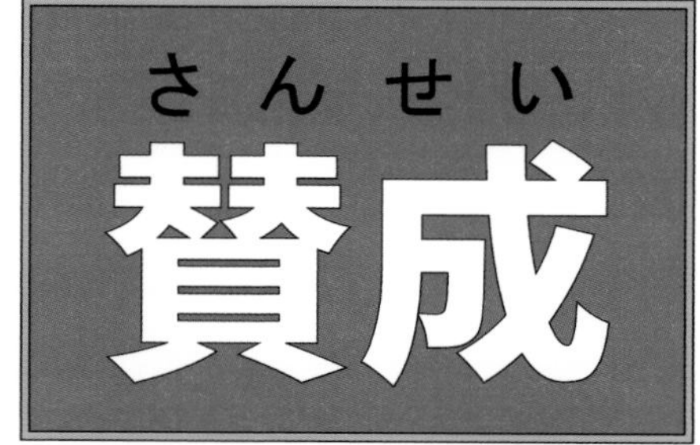

発言ボード⑦ ▶▶ C-5-7

発言ボード⑧ ▶▶ C-5-8

ワークシート＆学習カード

学ぶ意欲がアップする！

年　組　名前

1 発表カード

発表カード① ▶▶ D-1-1

アイディア次第で使い方はたくさん！

発表カード② ▶▶ D-1-2

発表カード③ ▶▶ D-1-3

発表カード④ ▶▶ D-1-4

発表カード⑤ ▶▶ D-1-5

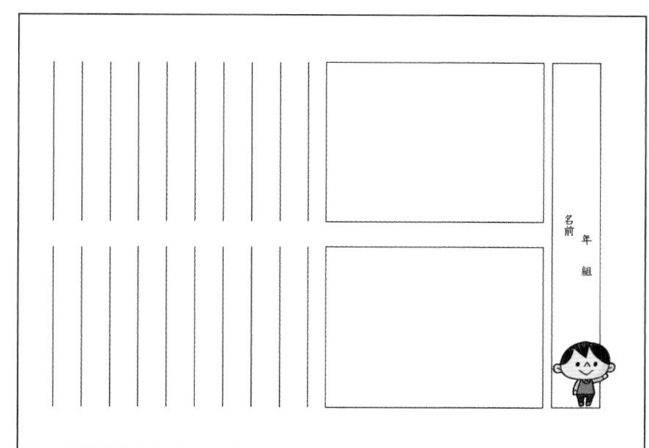

発表カード⑥ ▶▶ D-1-6

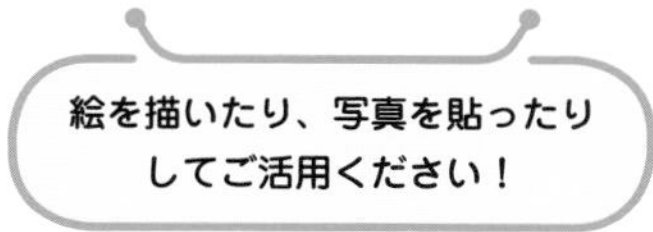

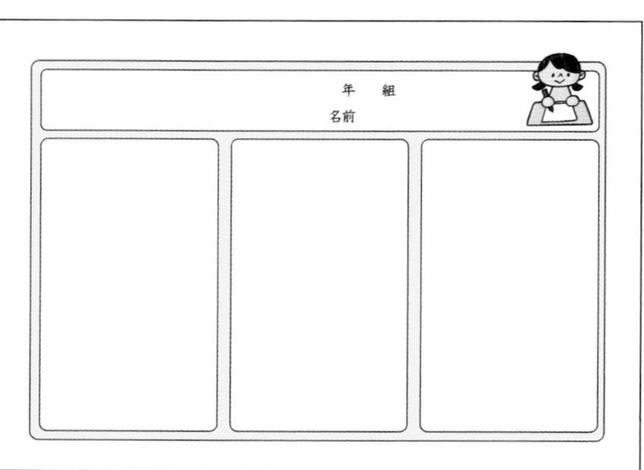

発表カード⑦ ▶▶ D-1-7

2 観察カード

の観察

月　日(　)　時　分　天気　気温　℃

色

形

大きさ

《気がついたこと》

年　組　名前

観察カード①　▶▶ D-2-1

月　日(　)

時　分

天気

気温　℃

場所

色

形

大きさ

年　組　名前

観察カード②　▶▶ D-2-2

月　日(　)　時　分　天気　気温　℃

《気がついたこと》

年　組　名前

観察カード③　▶▶ D-2-3

年 組 名前

観察カード④ ▶▶ D-2-4

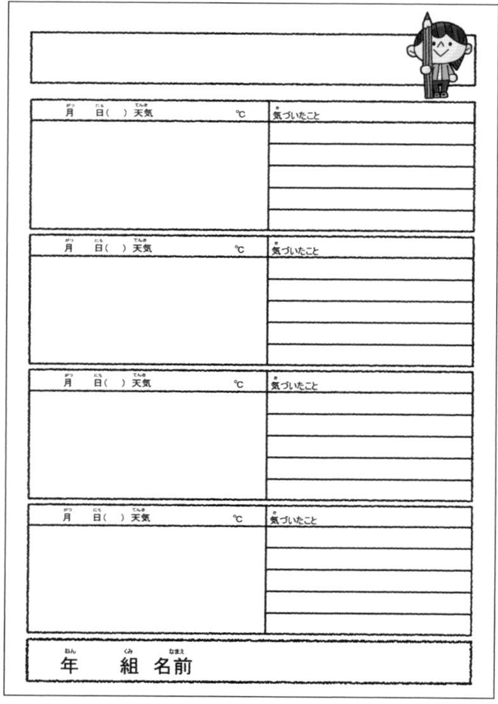
月 日( ) 天気 ℃ 気づいたこと
月 日( ) 天気 ℃ 気づいたこと
月 日( ) 天気 ℃ 気づいたこと
月 日( ) 天気 ℃ 気づいたこと
年 組 名前

観察カード⑥ ▶▶ D-2-6

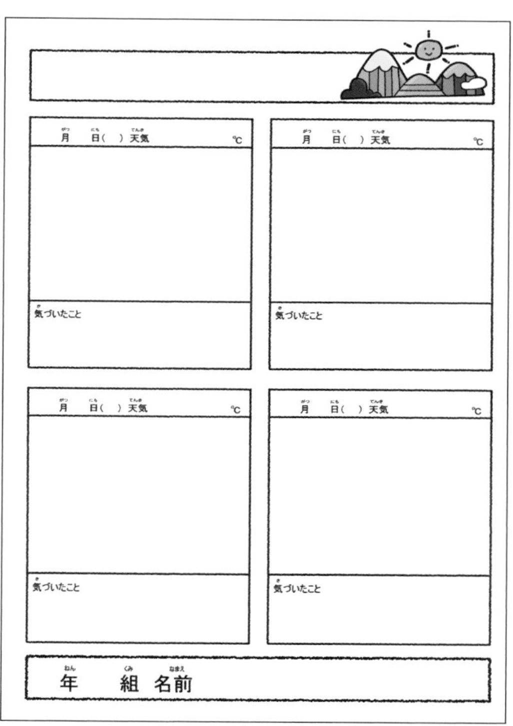
月 日( ) 天気 ℃
気づいたこと
月 日( ) 天気 ℃
気づいたこと
月 日( ) 天気 ℃
気づいたこと
月 日( ) 天気 ℃
気づいたこと
年 組 名前

観察カード⑤ ▶▶ D-2-5

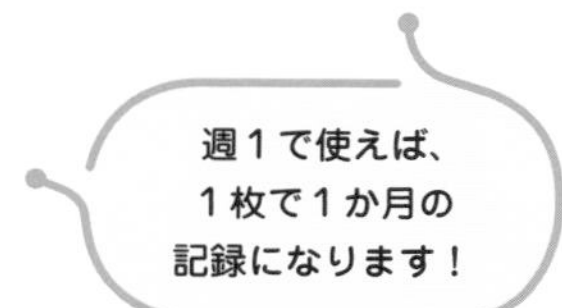

3 読書カード

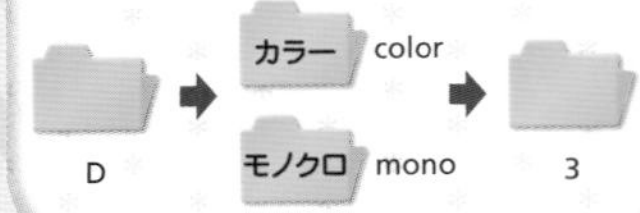

読書カード① ▶▶ D-3-1

読書カード② ▶▶ D-3-2

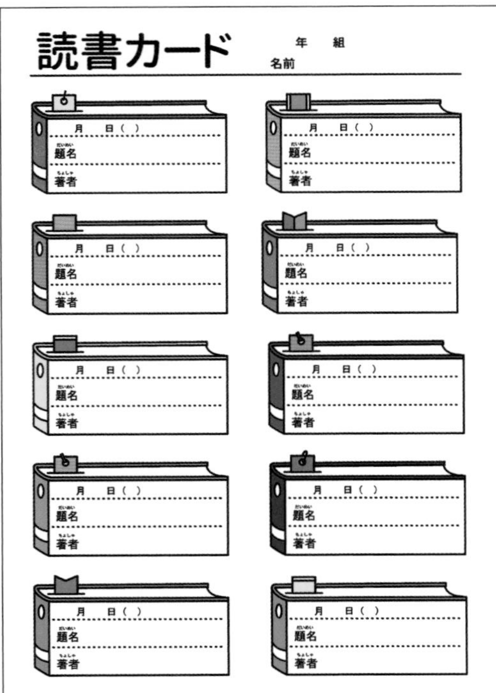

読書カード③ ▶▶ D-3-3

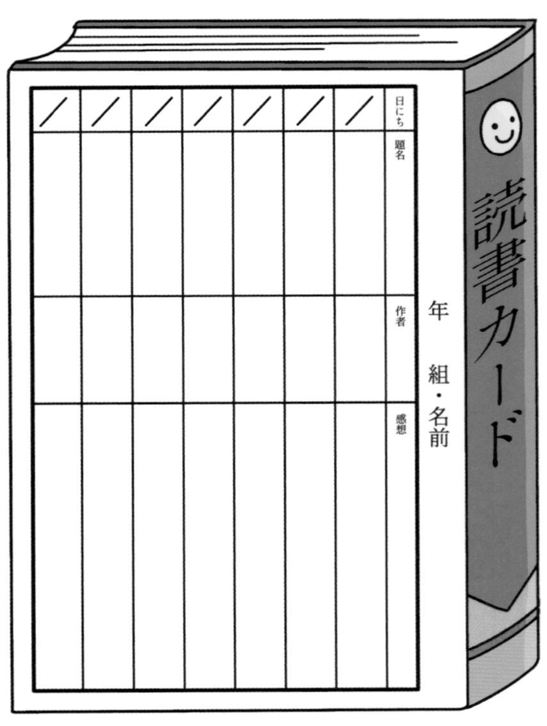

読書カード④ ▶▶ D-3-4

4 音読カード

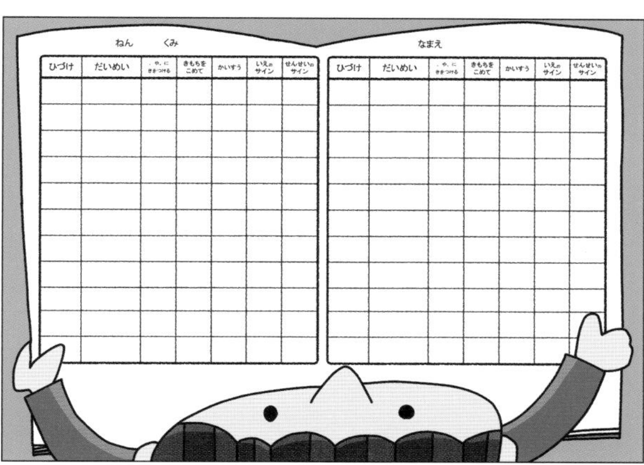

ねん くみ なまえ

ひづけ	だいめい	「、」や「。」にきをつける	きもちをこめて	かいすう	いえのサイン	せんせいのサイン

音読カード① ▶▶ D-4-1

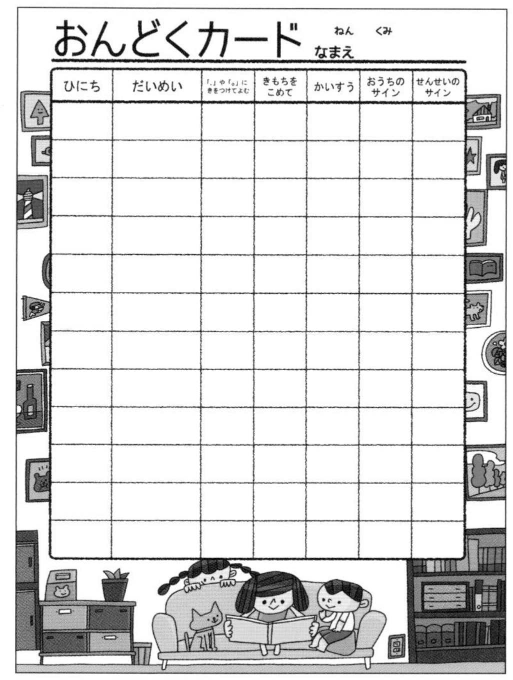

おんどくカード ねん くみ なまえ

ひにち	だいめい	「、」や「。」にきをつけてよむ	きもちをこめて	かいすう	おうちのサイン	せんせいのサイン

音読カード② ▶▶ D-4-2

宮沢賢治の世界を
イメージしています！

音読カード 年 組 名前

日付	題名	声の大きさ	気持ちをこめて	回数	家のサイン	先生のサイン

音読カード③ ▶▶ D-4-3

音読カード 年 組・名前

日付	題名	声の大きさ	気持ちをこめて	回数	家のサイン	先生のサイン

音読カード④ ▶▶ D-4-4

5 英語の発表カード&誕生日カード

英語の発表カード① ▶▶ D-5-1

英語の発表カード② ▶▶ D-5-2

英語の誕生日カード① ▶▶ D-5-3

英語の誕生日カード② ▶▶ D-5-4

英語の誕生日カード③ ▶▶ D-5-5

英語の誕生日カード④ ▶▶ D-5-6

6 道徳シート&イラスト素材

ナンバリングしていくことで、考え方や気持ちの変化をふり返ることができます！

道徳シート① ▶▶ D-6-1

道徳シート② ▶▶ D-6-2

道徳イラスト①
▶▶ D-6-3

道徳イラスト②
▶▶ D-6-4

道徳イラスト③
▶▶ D-6-5

道徳イラスト④
▶▶ D-6-6

道徳イラスト⑤
▶▶ D-6-7

道徳イラスト⑥
▶▶ D-6-8

道徳イラスト⑦
▶▶ D-6-9

道徳イラスト⑧
▶▶ D-6-10

道徳イラスト⑨
▶▶ D-6-11

道徳イラスト⑩
▶▶ D-6-12

道徳イラスト⑪
▶▶ D-6-13

道徳イラスト⑫
▶▶ D-6-14

道徳イラスト⑬
▶▶ D-6-15

道徳イラスト⑭
▶▶ D-6-16

道徳イラスト⑮
▶▶ D-6-17

道徳イラスト⑯
▶▶ D-6-18

道徳イラスト⑰
▶▶ D-6-19

道徳イラスト⑱
▶▶ D-6-20

F 章の P.80 ～ 81 に
ICT 教育関連のイラスト
素材を収録しています！

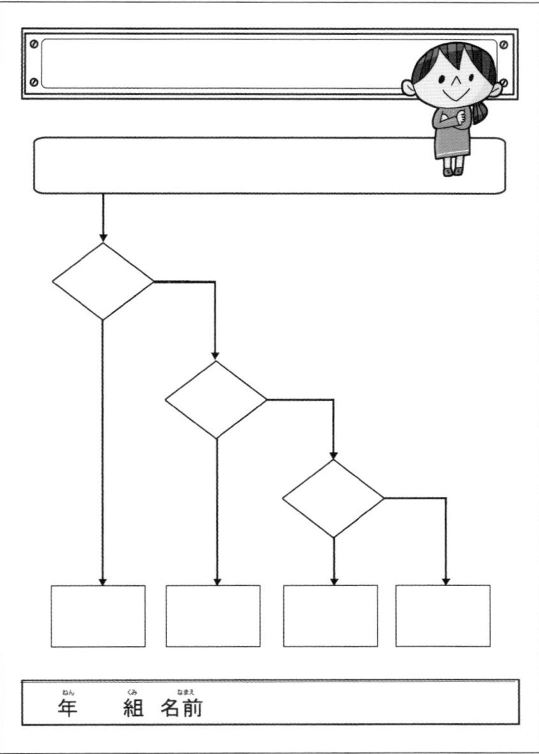

プログラミングシート① ▶▶ D-7-1

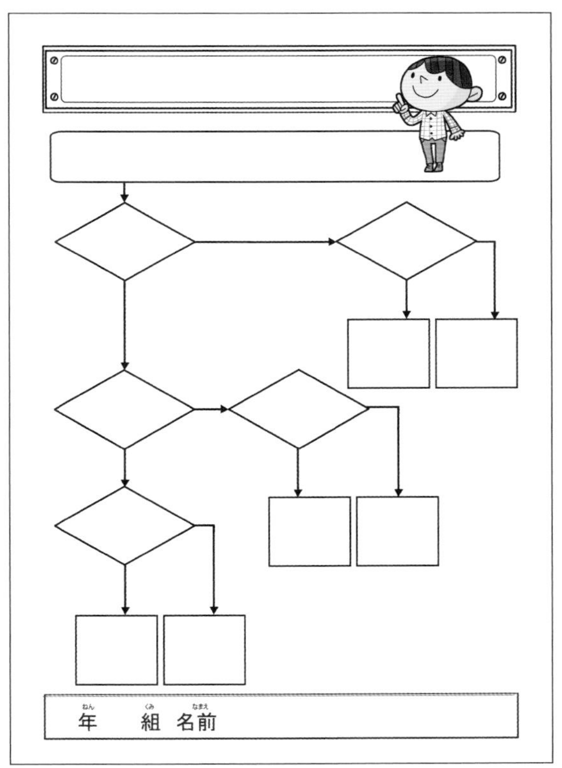

プログラミングシート② ▶▶ D-7-2

データについて

＊ D-7-1、D-7-2 は Word 形式も収録しているので、文字を入力したり、枠や矢印などを調整したりすることができます（お持ちのフォントをご使用ください）。もちろんそのままプリントアウトして手書きで記入しても OK です。

プログラミングイラスト①
▶▶ D-7-3

プログラミングイラスト②
▶▶ D-7-4

プログラミングイラスト③
▶▶ D-7-5

プログラミングイラスト④
▶▶ D-7-6

プログラミングイラスト⑤
▶▶ D-7-7

プログラミングイラスト⑥
▶▶ D-7-8

プログラミングイラスト⑦
▶▶ D-7-9

プログラミングイラスト⑧
▶▶ D-7-10

プログラミングイラスト⑨
▶▶ D-7-11

プログラミングイラスト⑩
▶▶ D-7-12

プログラミングイラスト⑪
▶▶ D-7-13

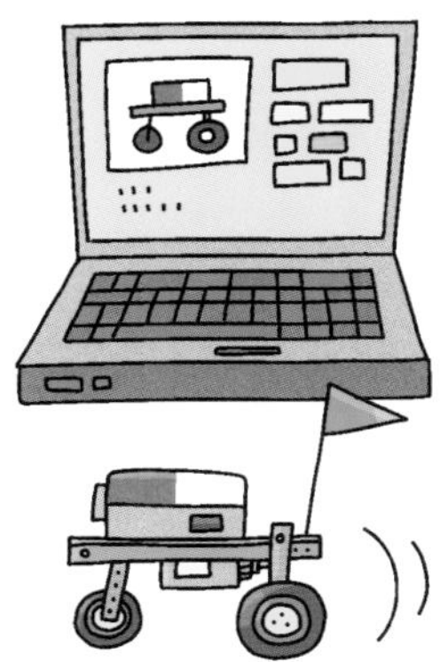

プログラミングイラスト⑫
▶▶ D-7-14

プログラミングイラスト⑬
▶▶ D-7-15

プログラミングイラスト⑭
▶▶ D-7-16

プログラミングイラスト⑮
▶▶ D-7-17

プログラミングイラスト⑯
▶▶ D-7-18

プログラミングイラスト⑰
▶▶ D-7-19

プログラミングイラスト⑱
▶▶ D-7-20

8 がんばり&達成カード

がんばり & 達成カード① ▶▶ D-8-1

スタンプを押したり、
シールを貼ったり、
色を塗ったりして
ご活用ください！

がんばり & 達成カード② ▶▶ D-8-2

がんばり & 達成カード③ ▶▶ D-8-3

がんばり & 達成カード④ ▶▶ D-8-4

がんばり & 達成カード⑤ ▶▶ D-8-5

がんばり & 達成カード⑥ ▶▶ D-8-6

9 KYTシート

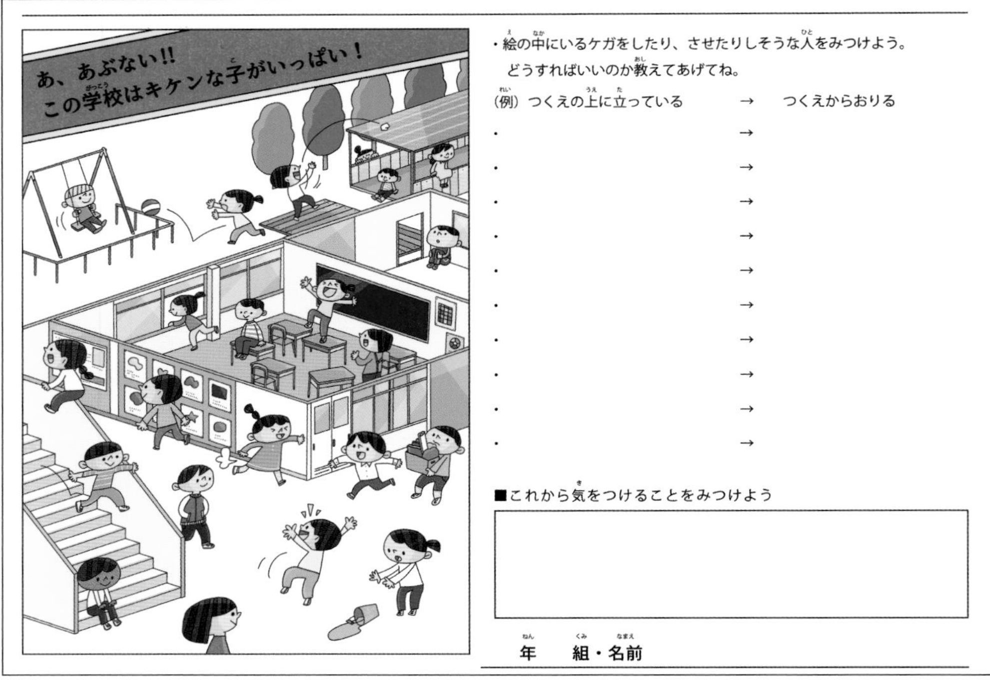

・絵の中にいるケガをしたり、させたりしそうな人をみつけよう。
どうすればいいのか教えてあげてね。

(例) つくえの上に立っている → つくえからおりる
・ →
・ →
・ →
・ →
・ →
・ →
・ →
・ →
・ →
・ →

■これから気をつけることをみつけよう

年　組・名前

KYT シート① ▶▶ D-9-1

KYT シート② ▶▶ D-9-2

A3 サイズに出力して、
教室に貼るなど
ご活用ください！

10 KPTカード

個人ではもちろん、
グループ活動でも使えます！

KPT（ふりかえり）カード　年　組 名前

K(keep= 続けること)	T(try＝ちょうせんすること)
P(problem＝問題点)	

KPT カード① ▶▶ D-10-1

KPT（ふりかえり）カード　年　組 名前

K(keep＝続けること）	T(try＝ちょうせんすること）	具体的な行動
P(problem＝問題点）		

KPT カード② ▶▶ D-10-2

11 宿題シート

D → カラー color / モノクロ mono → 11

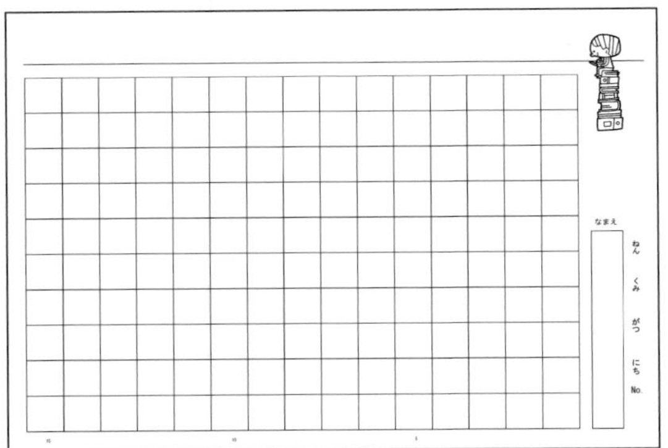

宿題シート① ▶▶ D-11-1

宿題シート② ▶▶ D-11-2

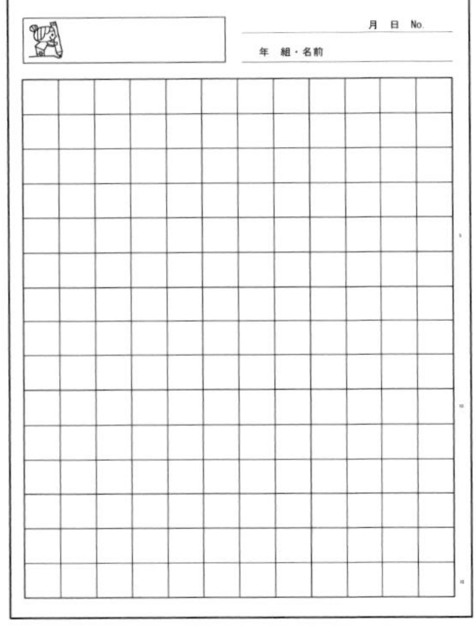

宿題シート③ ▶▶ D-11-3

宿題シート④ ▶▶ D-11-4

宿題シート⑤ ▶▶ D-11-5

宿題シート⑥ ▶▶ D-11-6

E

学級づくりテンプレート

1年中使えて便利！

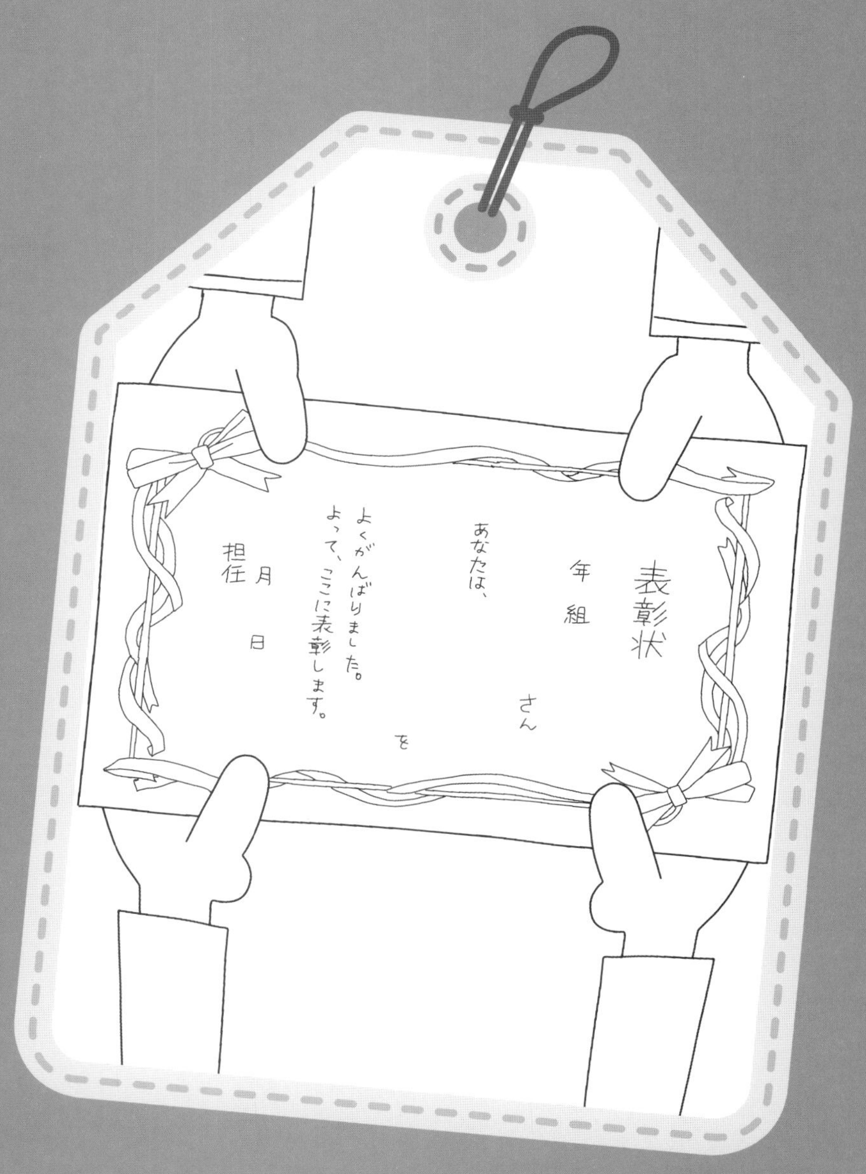

学級づくりテンプレート ▶▶ E-0-1

1 時間割

右側の２つの欄には
スケジュールや連絡事項
が記入できます！

じかんわり　ねん　くみ
なまえ

じかん		げつ	か	すい	もく	きん
	1					
	2					
	3					
	4					
	5					
	6					

時間割①　▶▶ E-1-1

年　組　名前

時間		月	火	水	木	金
	1					
	2					
	3					
	4					
	5					
	6					

時間割②　▶▶ E-1-2

データについて

＊ P.52 ～ 53 の E-1-1 ～ E-1-6 は Word 形式も収録しているので、文字が入力できます（お持ちのフォントをご使用ください）。もちろんそのままプリントアウトして手書きで記入しても OK です。

ひらがなタイプは
低学年で！

時間割③ ▶▶ E-1-3

時間割④ ▶▶ E-1-4

漢字タイプは
高学年で！

時間割⑤ ▶▶ E-1-5

時間割⑥ ▶▶ E-1-6

2 ネームカード

ネームカード①
▶▶ E-2-1

ネームカード②
▶▶ E-2-2

ネームカード③
▶▶ E-2-3

ネームカード④
▶▶ E-2-4

ネームカード⑤
▶▶ E-2-5

ネームカード⑥
▶▶ E-2-6

ネームカード⑦
▶▶ E-2-7

ネームカード⑧
▶▶ E-2-8

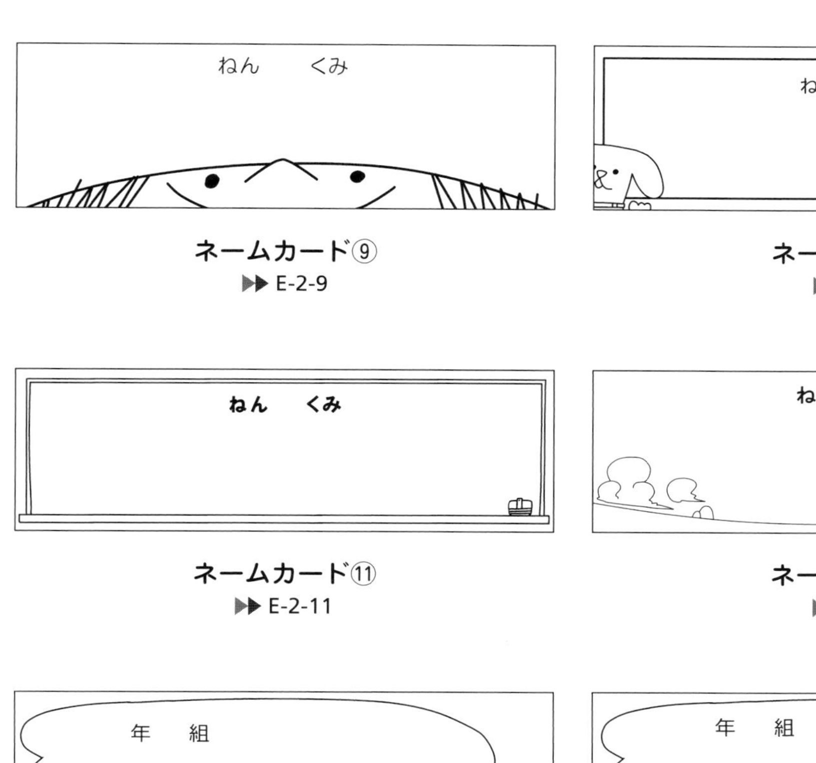

ネームカード⑨
▶▶ E-2-9

ネームカード⑩
▶▶ E-2-10

ネームカード⑪
▶▶ E-2-11

ネームカード⑫
▶▶ E-2-12

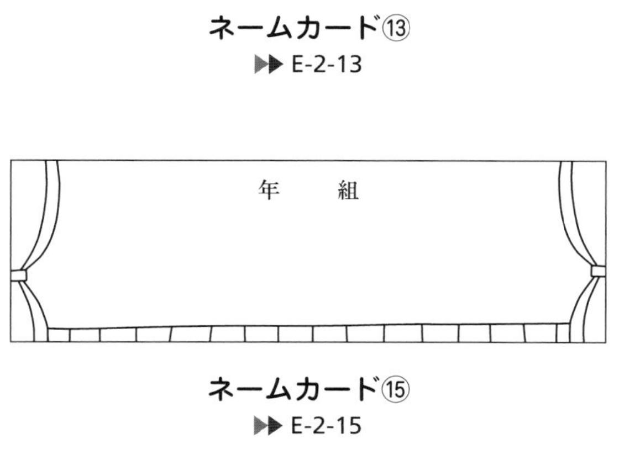

ネームカード⑬
▶▶ E-2-13

ネームカード⑭
▶▶ E-2-14

ネームカード⑮
▶▶ E-2-15

ネームカード⑯
▶▶ E-2-16

3 めあて＆目標

めあて① ▶▶ E-3-1

めあて② ▶▶ E-3-2

めあて③ ▶▶ E-3-3

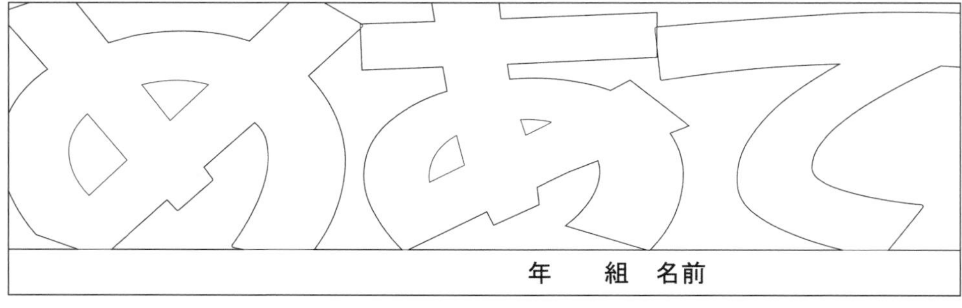

めあて④ ▶▶ E-3-4

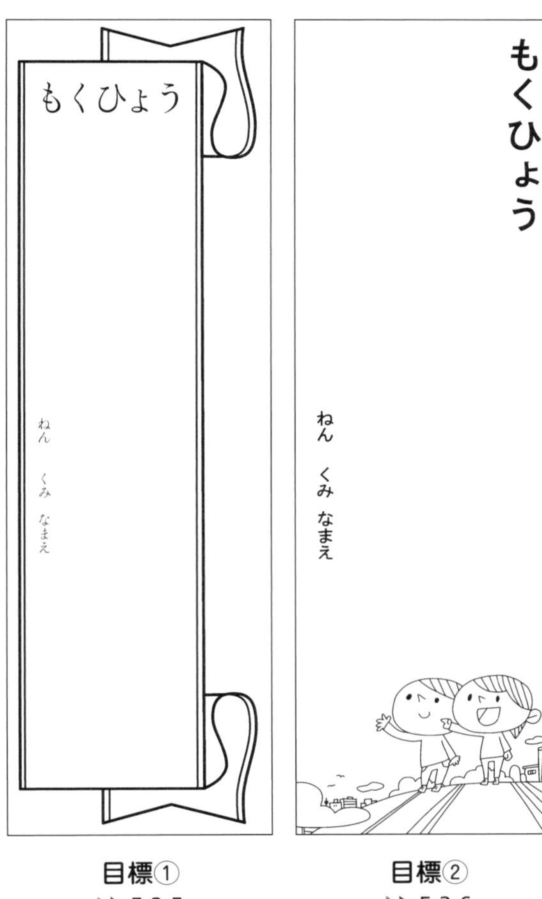

目標①
▶▶ E-3-5

目標②
▶▶ E-3-6

七夕のお願いごとや
新年の抱負を書くのにも
おすすめです！

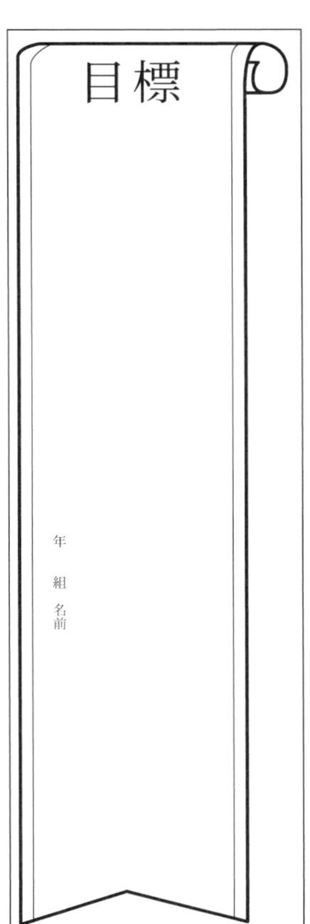

目標③
▶▶ E-3-7

目標④
▶▶ E-3-8

4 自己紹介カード

委員会や班の紹介にも使えます！

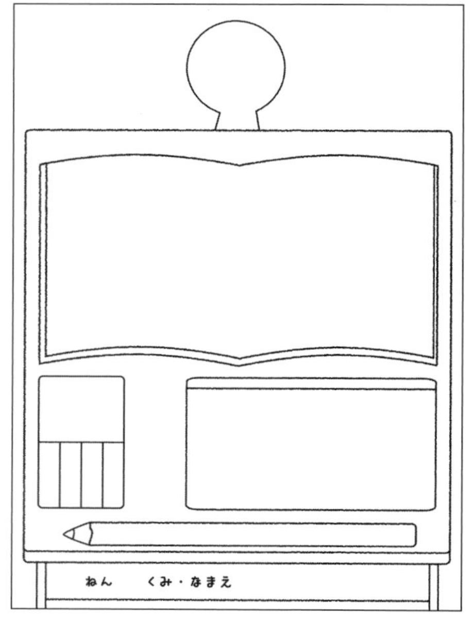

自己紹介カード① ▶▶ E-4-1

自己紹介カード② ▶▶ E-4-2

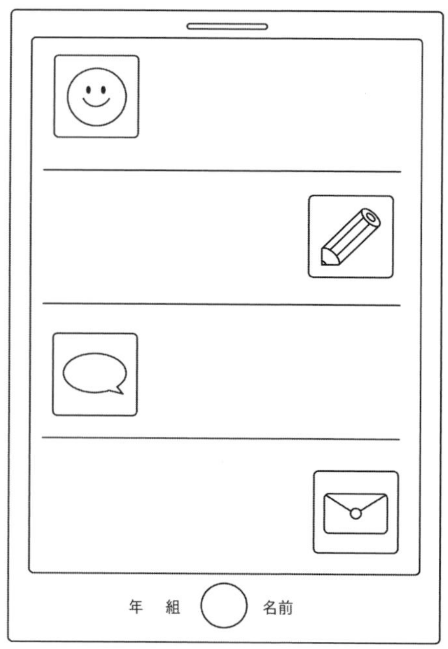

自己紹介カード③ ▶▶ E-4-3

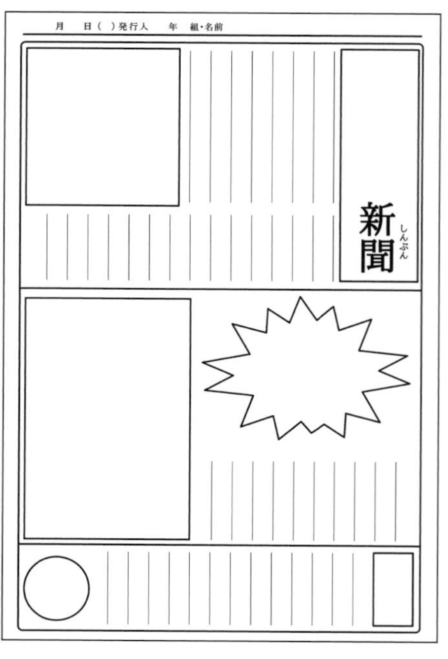

自己紹介カード④ ▶▶ E-4-4

5 ありがとうカード

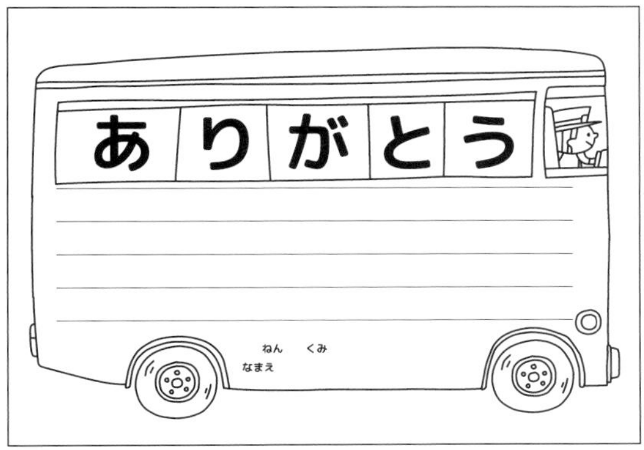

ありがとうカード① ▶▶ E-5-1

ありがとうカード② ▶▶ E-5-2

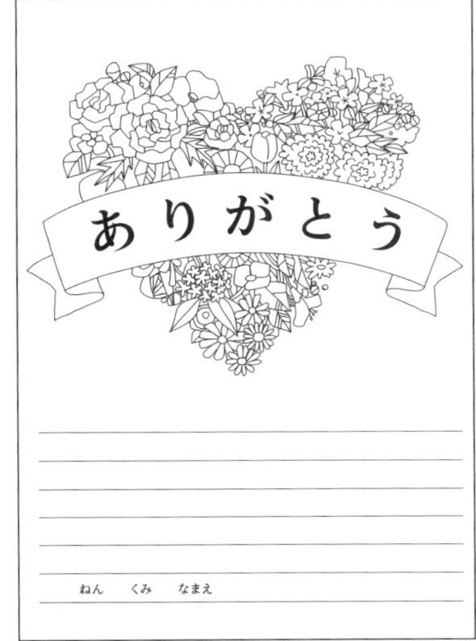

ありがとうカード④
▶▶ E-5-4

ありがとうカード③
▶▶ E-5-3

ありがとうカード⑤
▶▶ E-5-5

6 メダル

メダル① ▶▶ E-6-1

メダル② ▶▶ E-6-2

メダル③ ▶▶ E-6-3

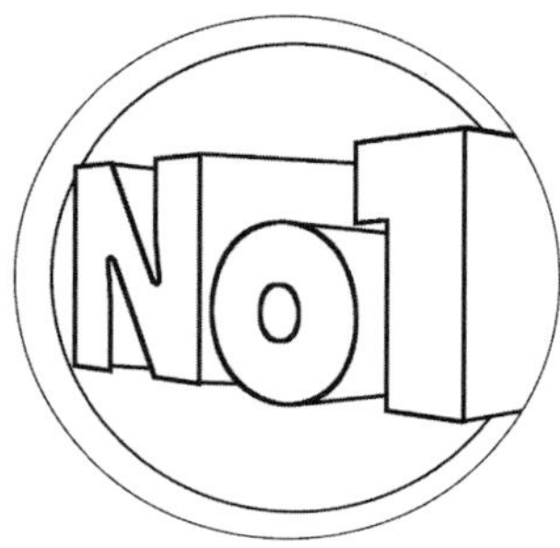

メダル④ ▶▶ E-6-4

メダル⑤ ▶▶ E-6-5

メダル⑥ ▶▶ E-6-6

メダル⑦ ▶▶ E-6-7

メダル⑧ ▶▶ E-6-8

メダル⑨ ▶▶ E-6-9

メダル⑩ ▶▶ E-6-10

メダル⑪ ▶▶ E-6-11

メダル⑫ ▶▶ E-6-12

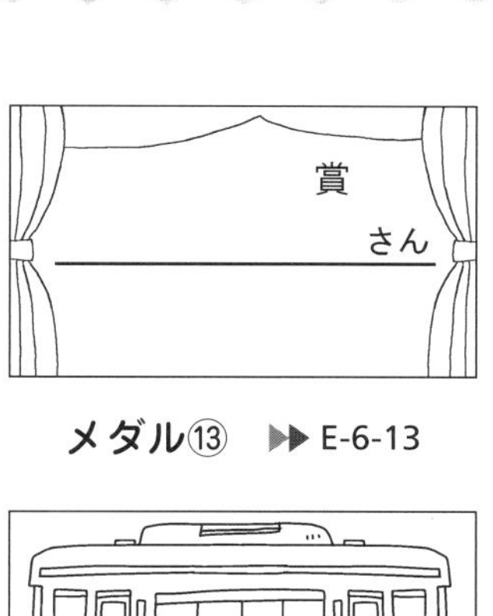

メダル⑬ ▶▶ E-6-13

メダル⑭ ▶▶ E-6-14

メダル⑮ ▶▶ E-6-15

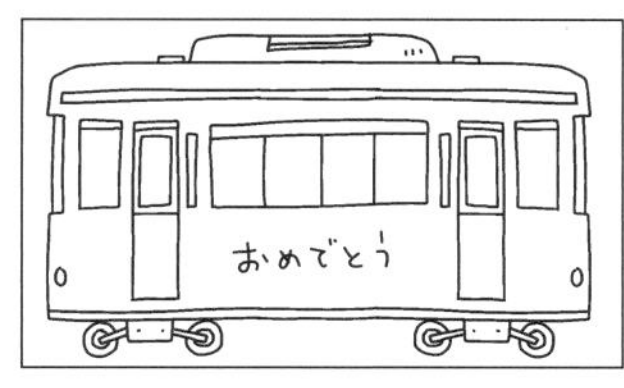

メダル⑯ ▶▶ E-6-16

メダル⑰ ▶▶ E-6-17

メダル⑱ ▶▶ E-6-18

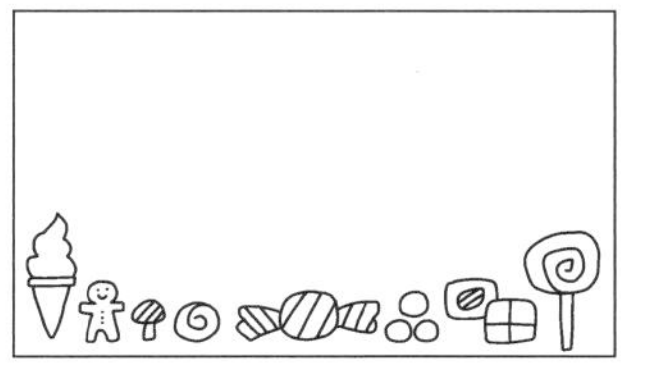

メダル⑲ ▶▶ E-6-19

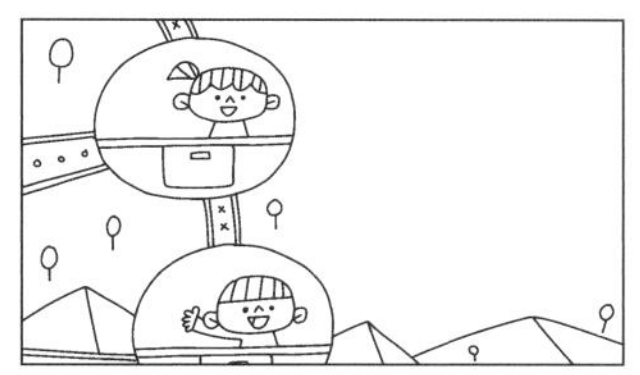

メダル⑳ ▶▶ E-6-20

メダル㉑ ▶▶ E-6-21

メダル㉒ ▶▶ E-6-22

メダル㉓ ▶▶ E-6-23

メダル㉔ ▶▶ E-6-24

メダル㉕ ▶▶ E-6-25

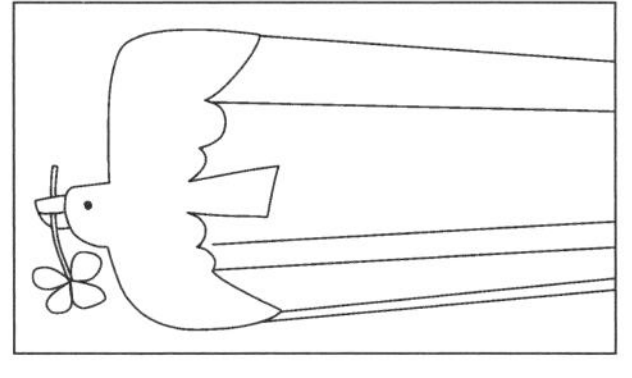

メダル㉖ ▶▶ E-6-26

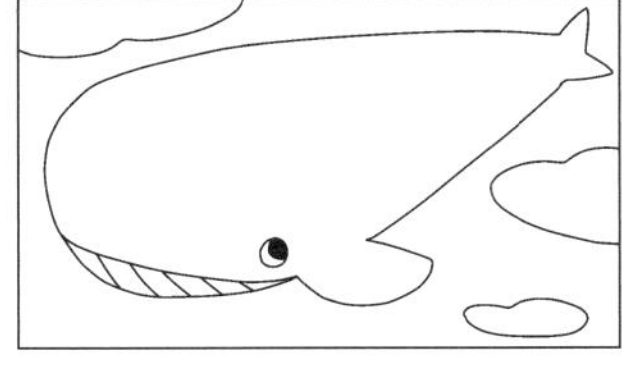

メダル㉗ ▶▶ E-6-27

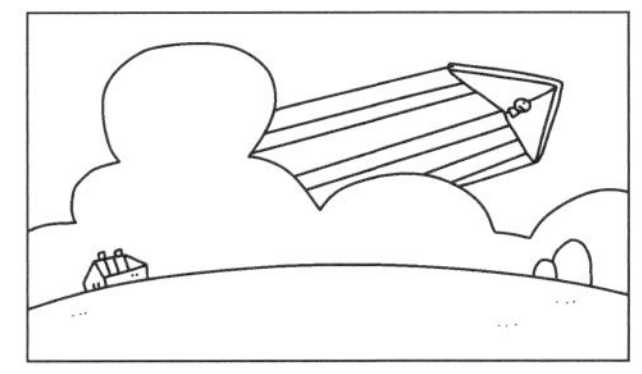

メダル㉘ ▶▶ E-6-28

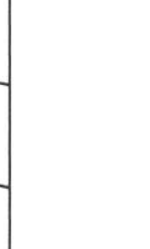

名刺サイズに出力して、
ネームホルダーに入れると簡単です！

7 賞状

ひょうしょうじょう

ねん　くみ　　　　さん

を

とてもよくがんばりました。

よって、ここにひょうしょうします。

がつ　にち

たんにん

賞状① ▶▶ E-7-1

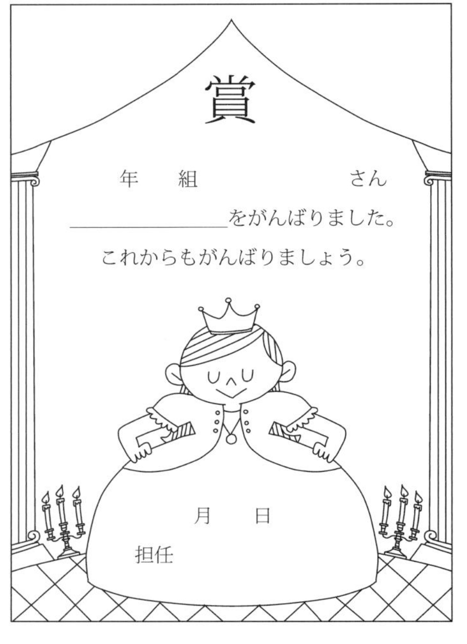

賞

年　組　　　　さん

＿＿＿＿をがんばりました。

これからもがんばりましょう。

月　日

担任

賞状② ▶▶ E-7-2

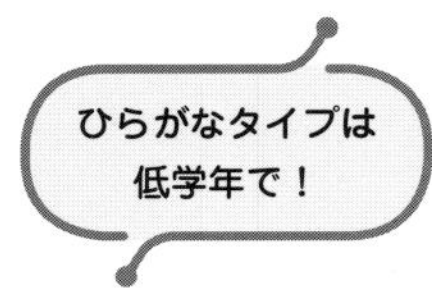

表彰状

年　組

さん

＿＿＿＿を

がんばりました。

これからもがんばりましょう。

月　日

担任

賞状③ ▶▶ E-7-3

表彰状

年　組　　　　さん

を

とてもよくがんばりました。

よって、ここに表彰します。

月　日

担任

賞状④ ▶▶ E-7-4

データについて

＊ P.62 ～ 63 の E-7-1 ～ E-7-8 は Word 形式も収録しているので、文字が入力できます（お持ちのフォントをご使用ください）。もちろんそのままプリントアウトして手書きで記入しても OK です。

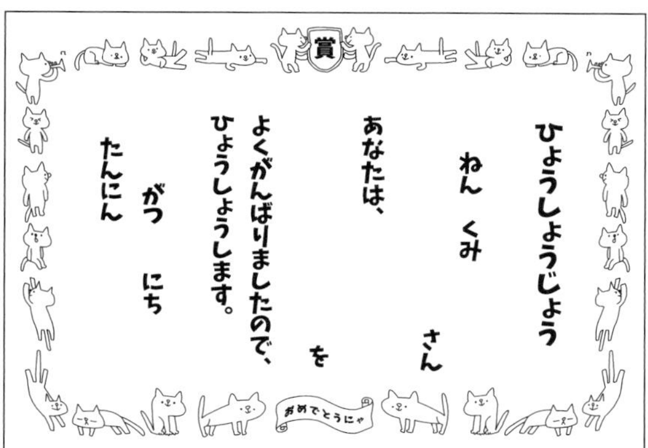

賞状⑤　▶▶ E-7-5

賞状⑥　▶▶ E-7-6

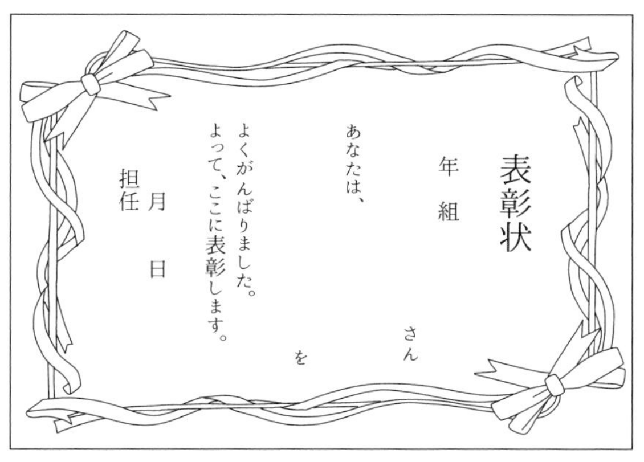

賞状⑦　▶▶ E-7-7

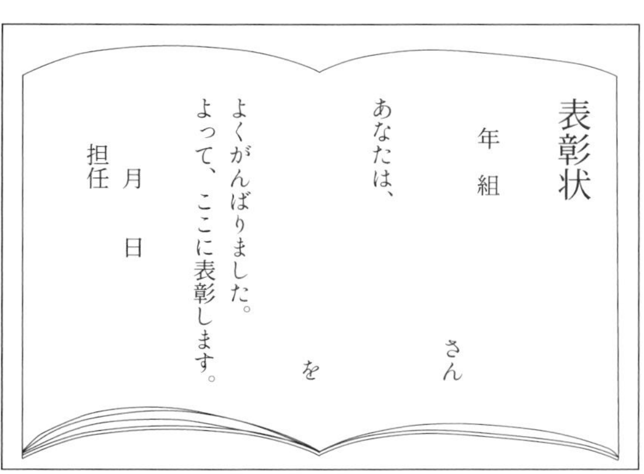

賞状⑧　▶▶ E-7-8

8 ご案内用ポスター

ご案内用ポスター①
▶▶ E-8-1

ご案内用ポスター②
▶▶ E-8-2

ご案内用ポスター③
▶▶ E-8-3

ご案内用ポスター④
▶▶ E-8-4

お手洗い

ご案内用ポスター⑤
▶▶ E-8-5

ご自由に
お持ちください。

ご案内用ポスター⑥
▶▶ E-8-6

マスクの着用を
お願いします。

ご案内用ポスター⑦
▶▶ E-8-7

ご案内用ポスター⑧
▶▶ E-8-8

携帯電話の電源を
お切りください。

ご案内用ポスター⑨
▶▶ E-8-9

立ち入り禁止

ご案内用ポスター⑩
▶▶ E-8-10

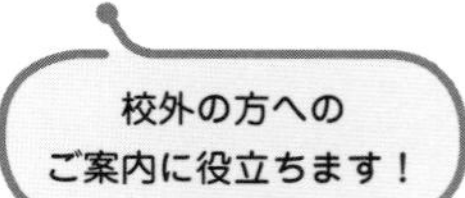

イラスト＆GIFアニメ素材

さまざまな場面で大活躍！

School Information

TOPICS

School information

1 子ども

子ども① ▶▶ F-1-1

子ども② ▶▶ F-1-2

子ども③ ▶▶ F-1-3

子ども④ ▶▶ F-1-4

子ども⑤ ▶▶ F-1-5

子ども⑥ ▶▶ F-1-6

子ども⑦ ▶▶ F-1-7

子ども⑧ ▶▶ F-1-8

子ども⑨ ▶▶ F-1-9

子ども⑩ ▶▶ F-1-10

子ども⑪ ▶▶ F-1-11

子ども⑫ ▶▶ F-1-12

子ども⑬ ▶▶ F-1-13

子ども⑭ ▶▶ F-1-14

子ども⑮ ▶▶ F-1-15

子ども⑯ ▶▶ F-1-16

子ども⑰ ▶▶ F-1-17

子ども⑱ ▶▶ F-1-18

子ども⑲ ▶▶ F-1-19

子ども⑳ ▶▶ F-1-20

子ども㉑ ▶▶ F-1-21

子ども㉒ ▶▶ F-1-22

子ども㉓ ▶▶ F-1-23

子ども㉔ ▶▶ F-1-24

子ども㉕ ▶▶ F-1-25

子ども㉖ ▶▶ F-1-26

子ども㉗ ▶▶ F-1-27

子ども㉘ ▶▶ F-1-28

子ども㉙ ▶▶ F-1-29

子ども㉚ ▶▶ F-1-30

子ども㉛ ▶▶ F-1-31

子ども㉜ ▶▶ F-1-32

子ども㉝ ▶▶ F-1-33

子ども㉞ ▶▶ F-1-34

子ども㉟ ▶▶ F-1-35

子ども㊱ ▶▶ F-1-36

子ども㊲ ▶▶ F-1-37

子ども㊳ ▶▶ F-1-38

子ども㊴ ▶▶ F-1-39

子ども㊵ ▶▶ F-1-40

子ども㊶ ▶▶ F-1-41
子ども㊷ ▶▶ F-1-42
子ども㊸ ▶▶ F-1-43
子ども㊹ ▶▶ F-1-44
子ども㊺ ▶▶ F-1-45
子ども㊻ ▶▶ F-1-46
子ども㊼ ▶▶ F-1-47
子ども㊽ ▶▶ F-1-48
子ども㊾ ▶▶ F-1-49
子ども㊿ ▶▶ F-1-50
子ども(51) ▶▶ F-1-51
子ども(52) ▶▶ F-1-52
子ども(53) ▶▶ F-1-53
子ども(54) ▶▶ F-1-54
子ども(55) ▶▶ F-1-55
子ども(56) ▶▶ F-1-56
子ども(57) ▶▶ F-1-57
子ども(58) ▶▶ F-1-58
子ども(59) ▶▶ F-1-59
子ども(60) ▶▶ F-1-60

2 保幼小・小中連携

保幼小・小中連携①
▶▶ F-2-1

保幼小・小中連携②
▶▶ F-2-2

保幼小・小中連携③
▶▶ F-2-3

保幼小・小中連携④
▶▶ F-2-4

保幼小・小中連携⑤
▶▶ F-2-5

保幼小・小中連携⑥
▶▶ F-2-6

保幼小・小中連携⑦
▶▶ F-2-7

保幼小・小中連携⑧
▶▶ F-2-8

保幼小・小中連携⑨
▶▶ F-2-9

保幼小・小中連携⑩
▶▶ F-2-10

保幼小・小中連携⑪
▶▶ F-2-11

保幼小・小中連携⑫
▶▶ F-2-12

保幼小・小中連携⑬
▶▶ F-2-13

保幼小・小中連携⑭
▶▶ F-2-14

保幼小・小中連携⑮
▶▶ F-2-15

保幼小・小中連携⑯
▶▶ F-2-16

保幼小・小中連携⑰
▶▶ F-2-17

保幼小・小中連携⑱
▶▶ F-2-18

保幼小・小中連携⑲
▶▶ F-2-19

保幼小・小中連携⑳
▶▶ F-2-20

保幼小・小中連携㉑
▶▶ F-2-21

保幼小・小中連携㉒
▶▶ F-2-22

保幼小・小中連携㉓
▶▶ F-2-23

保幼小・小中連携㉔
▶▶ F-2-24

3 先生

先生① ▶▶ F-3-1

先生② ▶▶ F-3-2

先生③ ▶▶ F-3-3

先生④ ▶▶ F-3-4

先生⑤ ▶▶ F-3-5

先生⑥ ▶▶ F-3-6

先生⑦ ▶▶ F-3-7

先生⑧ ▶▶ F-3-8

先生⑨ ▶▶ F-3-9

先生⑩ ▶▶ F-3-10

先生⑪ ▶▶ F-3-11

先生⑫ ▶▶ F-3-12

先生⑬ ▶▶ F-3-13

先生⑭ ▶▶ F-3-14

先生⑮ ▶▶ F-3-15

先生⑯ ▶▶ F-3-16

先生⑰ ▶▶ F-3-17

先生⑱ ▶▶ F-3-18

先生⑲ ▶▶ F-3-19

先生⑳ ▶▶ F-3-20

先生㉑ ▶▶ F-3-21

先生㉒ ▶▶ F-3-22

先生㉓ ▶▶ F-3-23

先生㉔ ▶▶ F-3-24

㉒と㉓は
ALTをイメージ
しています！

4 保護者

保護者① ▶▶ F-4-1

保護者② ▶▶ F-4-2

保護者③ ▶▶ F-4-3

保護者④ ▶▶ F-4-4

保護者⑤ ▶▶ F-4-5

保護者⑥ ▶▶ F-4-6

保護者⑦ ▶▶ F-4-7

保護者⑧ ▶▶ F-4-8

保護者⑨ ▶▶ F-4-9

保護者⑩ ▶▶ F-4-10

保護者⑪ ▶▶ F-4-11

保護者⑫ ▶▶ F-4-12

保護者⑬ ▶▶ F-4-13

保護者⑭ ▶▶ F-4-14

保護者⑮ ▶▶ F-4-15

保護者⑯ ▶▶ F-4-16

保護者⑰ ▶▶ F-4-17

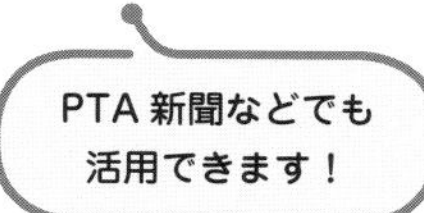

5 学校

学校① ▶▶ F-5-1

学校② ▶▶ F-5-2

学校③ ▶▶ F-5-3

学校④ ▶▶ F-5-4

学校⑤ ▶▶ F-5-5

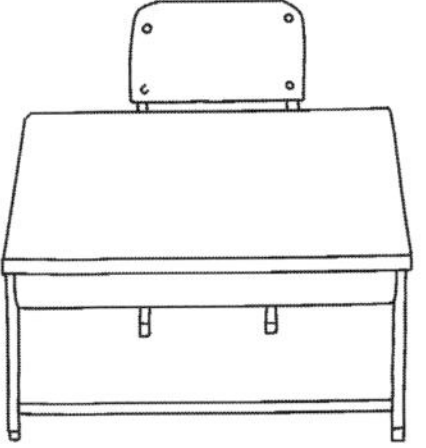
学校⑥ ▶▶ F-5-6

学校⑦ ▶▶ F-5-7

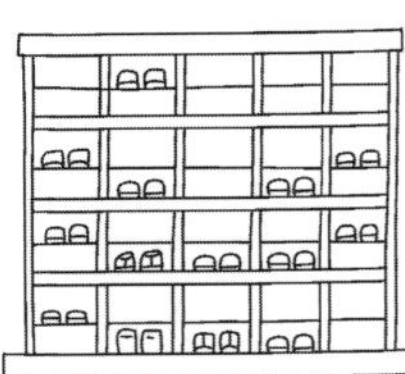
学校⑧ ▶▶ F-5-8

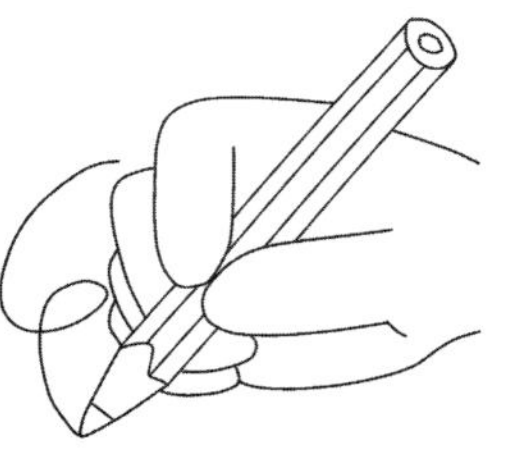
学校⑨ ▶▶ F-5-9

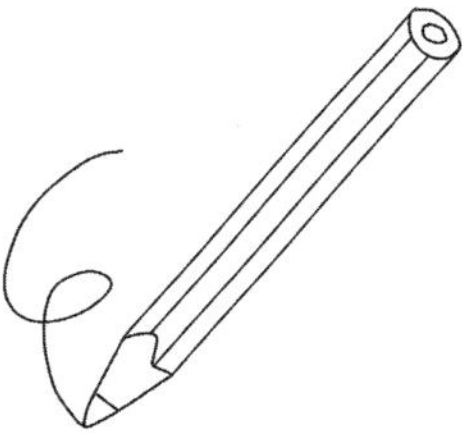
学校⑩ ▶▶ F-5-10

学校⑪ ▶▶ F-5-11

学校⑫ ▶▶ F-5-12

学校⑬ ▶▶ F-5-13

学校⑭ ▶▶ F-5-14

学校⑮ ▶▶ F-5-15

学校⑯ ▶▶ F-5-16

学校⑰ ▶▶ F-5-17

学校⑱ ▶▶ F-5-18

学校⑲ ▶▶ F-5-19

学校⑳ ▶▶ F-5-20

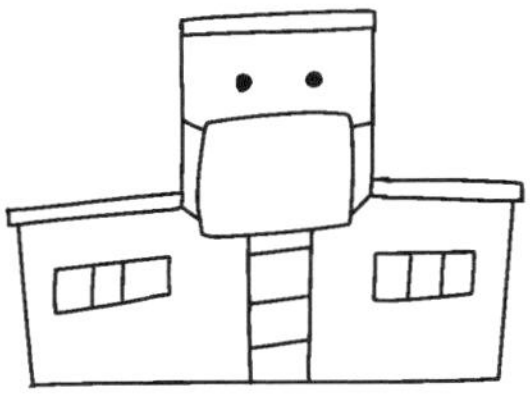

学校㉑ ▶▶ F-5-21

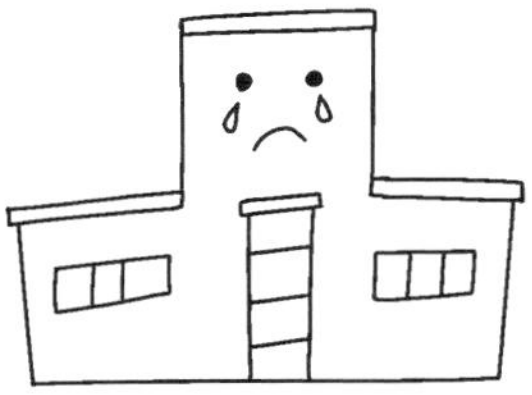

学校㉒ ▶▶ F-5-22

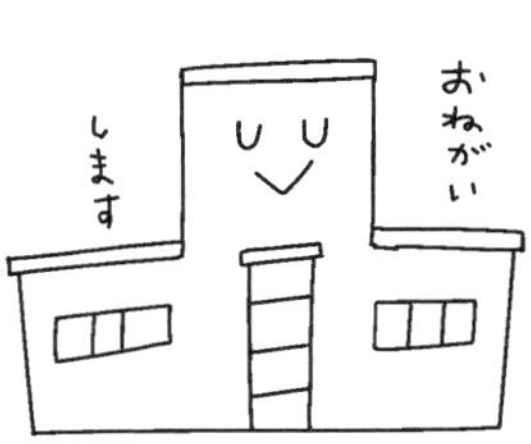

おねがい
します

学校㉓ ▶▶ F-5-23

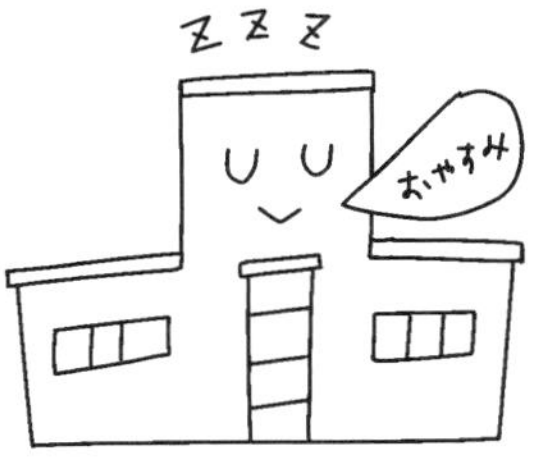

Z Z Z
おやすみ

学校㉔ ▶▶ F-5-24

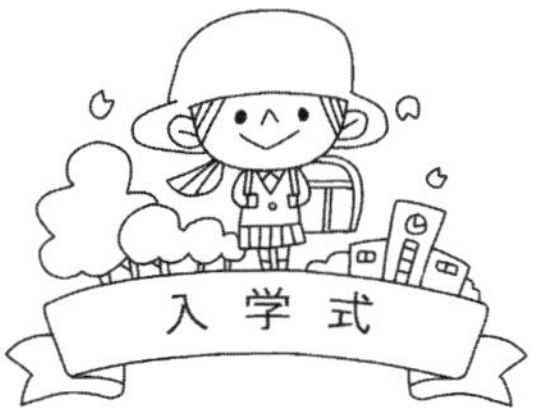

入学式

学校㉕ ▶▶ F-5-25

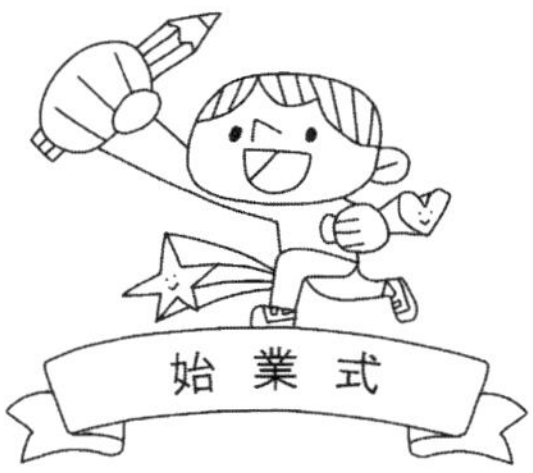

始業式

学校㉖ ▶▶ F-5-26

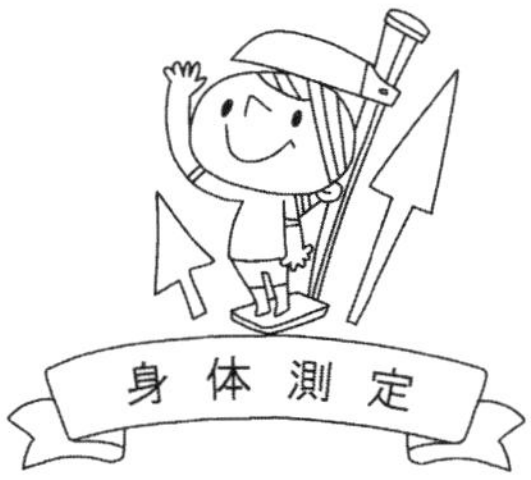

身体測定

学校㉗ ▶▶ F-5-27

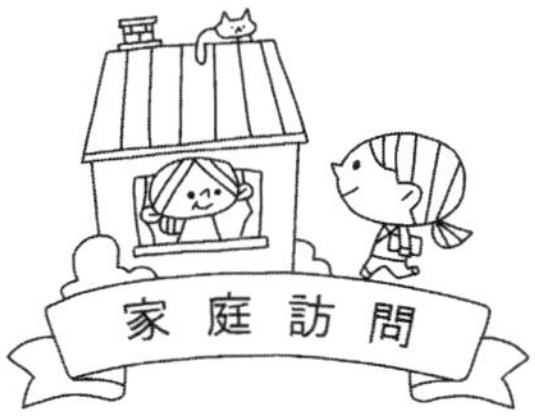

家庭訪問

学校㉘ ▶▶ F-5-28

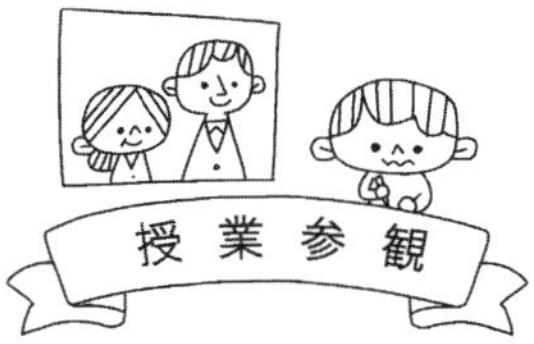

授業参観

学校㉙ ▶▶ F-5-29

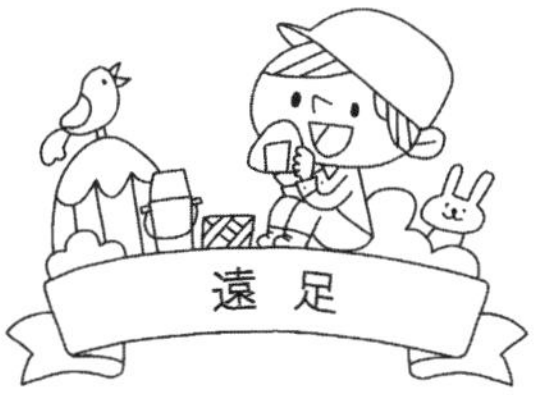

遠足

学校㉚ ▶▶ F-5-30

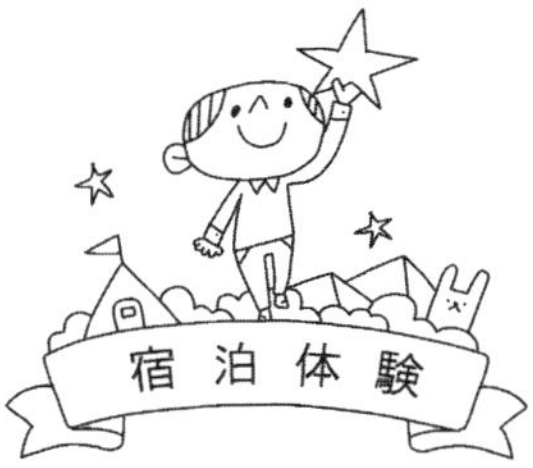

宿泊体験

学校㉛ ▶▶ F-5-31

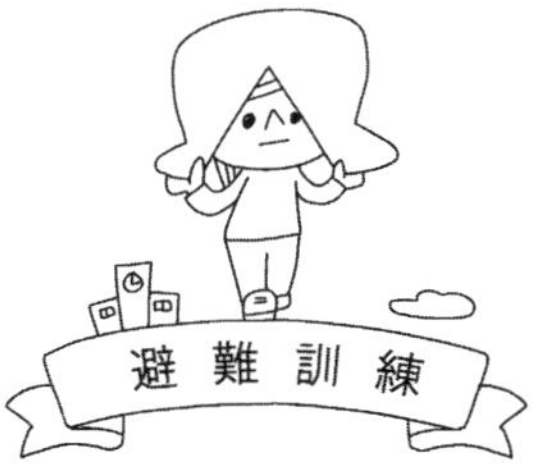

避難訓練

学校㉜ ▶▶ F-5-32

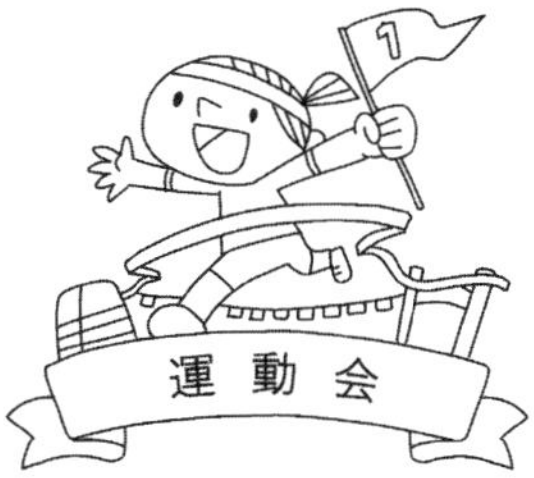

運動会

学校㉝ ▶▶ F-5-33

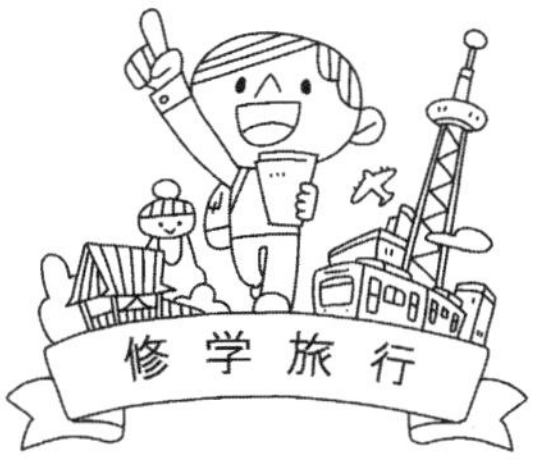

修学旅行

学校㉞ ▶▶ F-5-34

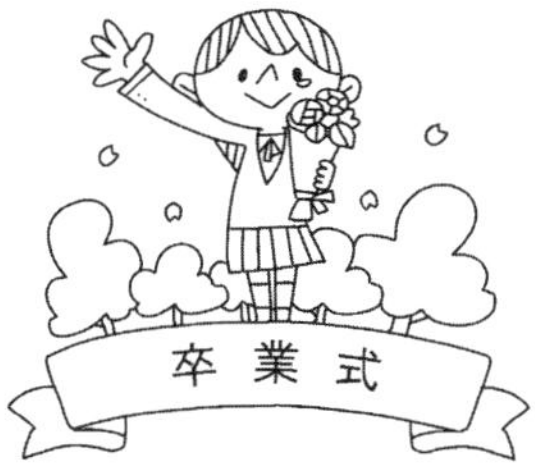

卒業式

学校㉟ ▶▶ F-5-35

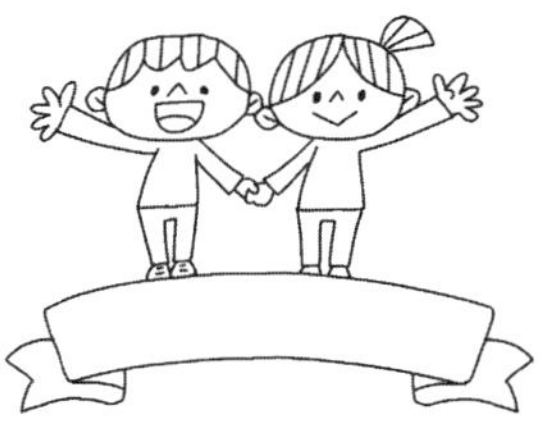

学校㊱ ▶▶ F-5-36

6 季節

季節① ▶▶ F-6-1
季節② ▶▶ F-6-2
季節③ ▶▶ F-6-3
季節④ ▶▶ F-6-4
季節⑤ ▶▶ F-6-5
季節⑥ ▶▶ F-6-6
季節⑦ ▶▶ F-6-7
季節⑧ ▶▶ F-6-8
季節⑨ ▶▶ F-6-9
季節⑩ ▶▶ F-6-10
季節⑪ ▶▶ F-6-11
季節⑫ ▶▶ F-6-12
季節⑬ ▶▶ F-6-13
季節⑭ ▶▶ F-6-14
季節⑮ ▶▶ F-6-15
季節⑯ ▶▶ F-6-16

時の記念日：
6月10日

自由に記入できる
素材です！

季節⑰ ▶▶ F-6-17
季節⑱ ▶▶ F-6-18

季節⑲ ▶▶ F-6-19

季節⑳ ▶▶ F-6-20

季節㉑ ▶▶ F-6-21

季節㉒ ▶▶ F-6-22

季節㉓ ▶▶ F-6-23

季節㉔ ▶▶ F-6-24

季節㉕ ▶▶ F-6-25

季節㉖ ▶▶ F-6-26

季節㉗ ▶▶ F-6-27

なつやすみ

季節㉘ ▶▶ F-6-28

帰省 きせい

季節㉙ ▶▶ F-6-29

7月

季節㉚ ▶▶ F-6-30

8月

季節㉛ ▶▶ F-6-31

9月

季節㉜ ▶▶ F-6-32

立秋

季節㉝ ▶▶ F-6-33

終戦記念日

季節㉞ ▶▶ F-6-34

防災の日

季節㉟ ▶▶ F-6-35

秋分の日

季節㊱ ▶▶ F-6-36

終戦記念日：8月15日
防災の日：9月1日

季節㊲ ▶▶ F-6-37
季節㊳ ▶▶ F-6-38
季節㊴ ▶▶ F-6-39
季節㊵ ▶▶ F-6-40
季節㊶ ▶▶ F-6-41
季節㊷ ▶▶ F-6-42
季節㊸ ▶▶ F-6-43
季節㊹ ▶▶ F-6-44
季節㊺ ▶▶ F-6-45
季節㊻ ▶▶ F-6-46
季節㊼ ▶▶ F-6-47
季節㊽ ▶▶ F-6-48
季節㊾ ▶▶ F-6-49
季節㊿ ▶▶ F-6-50
季節51 ▶▶ F-6-51
季節52 ▶▶ F-6-52
季節53 ▶▶ F-6-53
季節54 ▶▶ F-6-54

読書週間：10月27日～11月9日
ハロウィーン：10月31日
人権週間：12月4日～12月10日

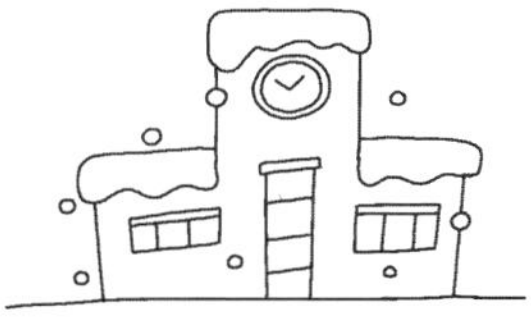

季節55 ▶▶ F-6-55

季節56 ▶▶ F-6-56

季節57 ▶▶ F-6-57

季節58 ▶▶ F-6-58

季節59 ▶▶ F-6-59

季節60 ▶▶ F-6-60

季節61 ▶▶ F-6-61

季節62 ▶▶ F-6-62

1月

季節63 ▶▶ F-6-63

2月

季節64 ▶▶ F-6-64

3月

季節65 ▶▶ F-6-65

季節66 ▶▶ F-6-66

お正月

節分

立春

バレンタインデー

季節67 ▶▶ F-6-67

季節68 ▶▶ F-6-68

季節69 ▶▶ F-6-69

季節70 ▶▶ F-6-70

お彼岸

春分の日

季節71 ▶▶ F-6-71

季節72 ▶▶ F-6-72

通信のアクセントや
スケジュールに
ご活用ください！

7 衛生

衛生① ▶▶ F-7-1

衛生② ▶▶ F-7-2

衛生③ ▶▶ F-7-3

衛生④ ▶▶ F-7-4

衛生⑤ ▶▶ F-7-5

衛生⑥ ▶▶ F-7-6

衛生⑦ ▶▶ F-7-7

衛生⑧ ▶▶ F-7-8

衛生⑨ ▶▶ F-7-9

衛生⑩ ▶▶ F-7-10

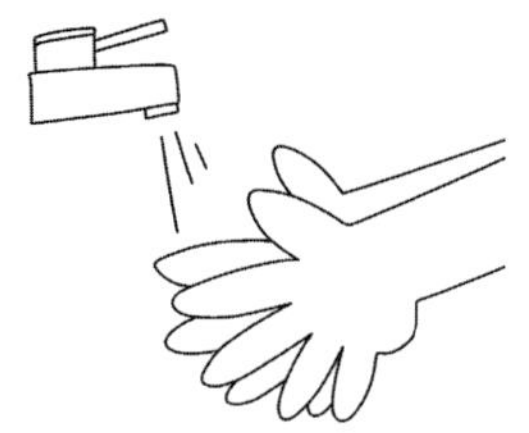
衛生⑪ ▶▶ F-7-11

衛生⑫ ▶▶ F-7-12

衛生⑬ ▶▶ F-7-13

衛生⑭ ▶▶ F-7-14

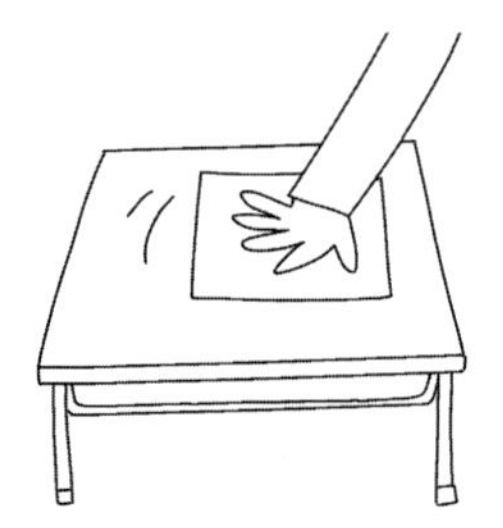
衛生⑮ ▶▶ F-7-15

ソーシャル
ディスタンス

衛生⑯ ▶▶ F-7-16

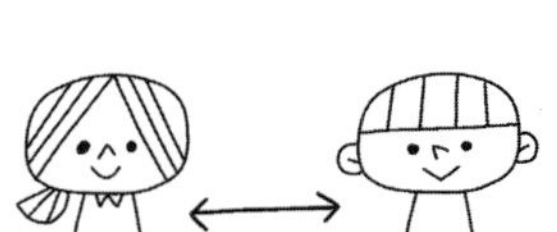
衛生⑰ ▶▶ F-7-17

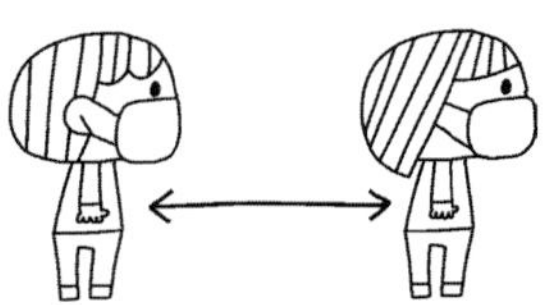
衛生⑱ ▶▶ F-7-18

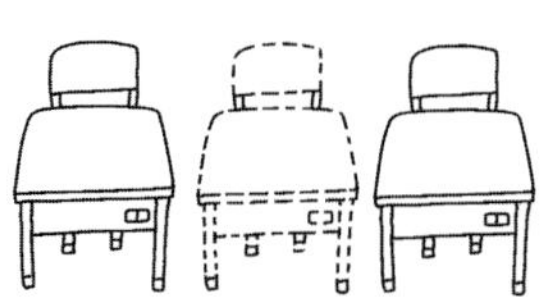
衛生⑲ ▶▶ F-7-19

衛生⑳ ▶▶ F-7-20

衛生㉑ ▶▶ F-7-21

衛生㉒ ▶▶ F-7-22

衛生㉓ ▶▶ F-7-23

衛生㉔ ▶▶ F-7-24

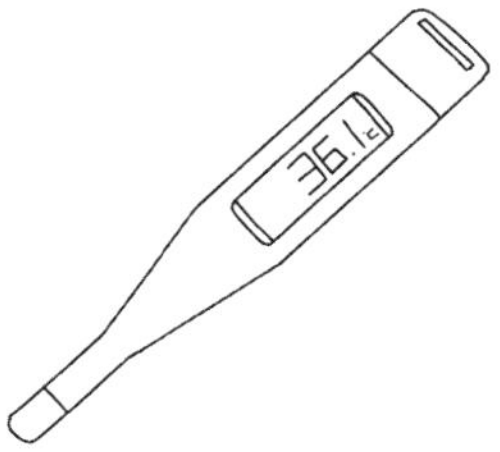

衛生㉕ ▶▶ F-7-25

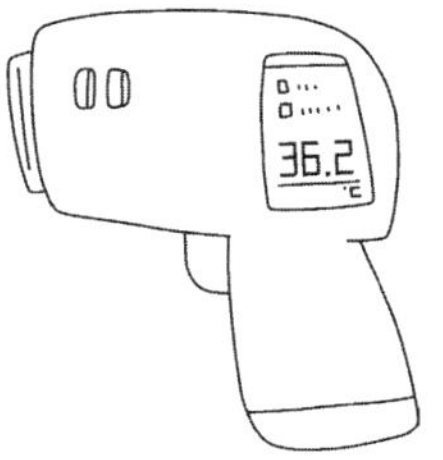

衛生㉖ ▶▶ F-7-26

37.5℃

衛生㉗ ▶▶ F-7-27

衛生㉘ ▶▶ F-7-28

味がしない

衛生㉙ ▶▶ F-7-29

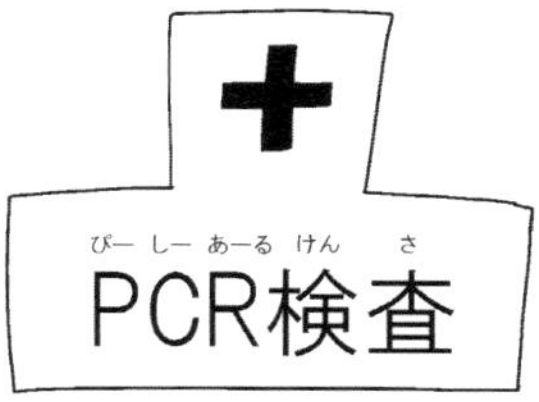

PCR検査（びーしーあーるけんさ）

衛生㉚ ▶▶ F-7-30

陰性（いんせい）

衛生㉛ ▶▶ F-7-31

陽性（ようせい）

衛生㉜ ▶▶ F-7-32

衛生㉝ ▶▶ F-7-33

衛生㉞ ▶▶ F-7-34

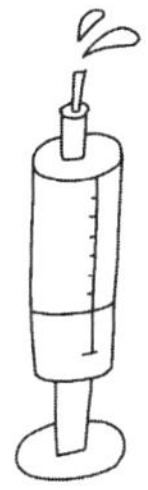

衛生㉟ ▶▶ F-7-35

衛生㊱ ▶▶ F-7-36

衛生関連ポスターは、
A章に収録しています！

8 ICT教育

ICT 教育①
▶▶ F-8-1

ICT 教育②
▶▶ F-8-2

ICT 教育③
▶▶ F-8-3

ICT 教育④
▶▶ F-8-4

ICT 教育⑤
▶▶ F-8-5

ICT 教育⑥
▶▶ F-8-6

ICT 教育⑦
▶▶ F-8-7

ICT 教育⑧
▶▶ F-8-8

ICT 教育⑨
▶▶ F-8-9

ICT 教育⑩
▶▶ F-8-10

ICT 教育⑪
▶▶ F-8-11

ICT 教育⑫
▶▶ F-8-12

ICT 教育⑬
▶▶ F-8-13

ICT 教育⑭
▶▶ F-8-14

ICT 教育⑮
▶▶ F-8-15

ICT 教育⑯
▶▶ F-8-16

ICT 教育⑰
▶▶ F-8-17

ICT 教育⑱
▶▶ F-8-18

ICT 教育⑲
▶▶ F-8-19

ICT 教育⑳
▶▶ F-8-20

ICT 教育㉑
▶▶ F-8-21

ICT 教育㉒
▶▶ F-8-22

ICT 教育㉓
▶▶ F-8-23

ICT 教育㉔
▶▶ F-8-24

ICT 教育㉕
▶▶ F-8-25

ICT 教育㉖
▶▶ F-8-26

ICT 教育㉗
▶▶ F-8-27

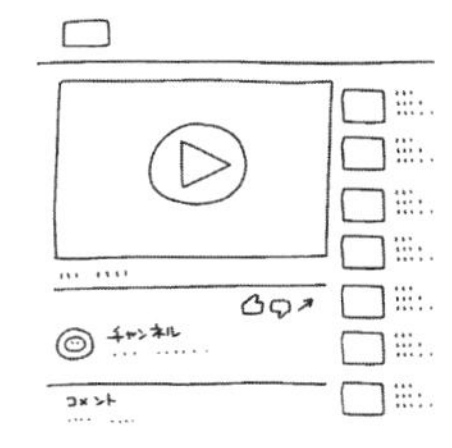

ICT 教育㉘
▶▶ F-8-28

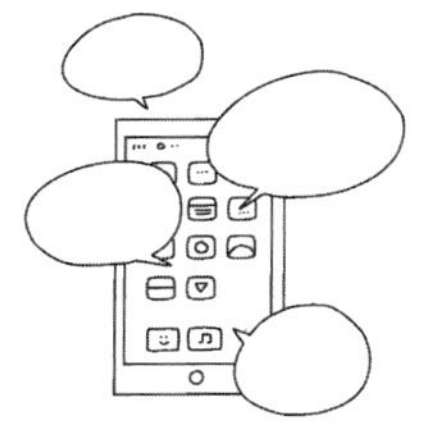

ICT 教育㉙
▶▶ F-8-29

ICT 教育㉚
▶▶ F-8-30

ICT 教育㉛
▶▶ F-8-31

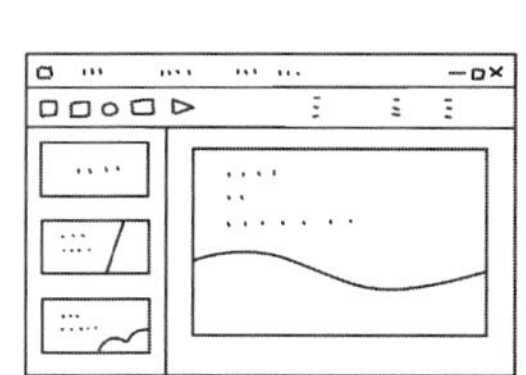

ICT 教育㉜
▶▶ F-8-32

ICT 教育㉝
▶▶ F-8-33

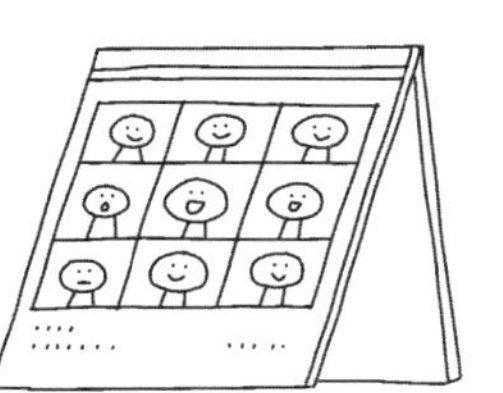

ICT 教育㉞
▶▶ F-8-34

ICT 教育㉟
▶▶ F-8-35

ICT 教育㊱
▶▶ F-8-36

ICT は、「Information and Communication Technology」の頭文字をとった言葉で、日本語の意味は「情報通信技術」です！

D 章の P.43 ～ 45 にプログラミングシートと関連のイラスト素材を収録しています！

9 GIFアニメ

Gif データは、複数のフレームを順に表示できる画像データです。各ファイル a と b（一部 a、b、c ……）のイラスト順に繰り返し表示されていきます。また、すべてのデータについてイラストカットとして使用できる png データがあります。

＊ Microsoft Office PowerPoint 2010 を使用した手順は、P.93 を参照。

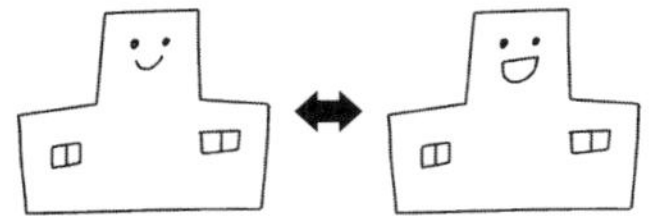

GIF アニメ①
▶▶ F-9-1-a

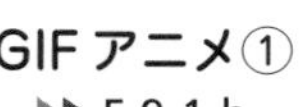

GIF アニメ①
▶▶ F-9-1-b

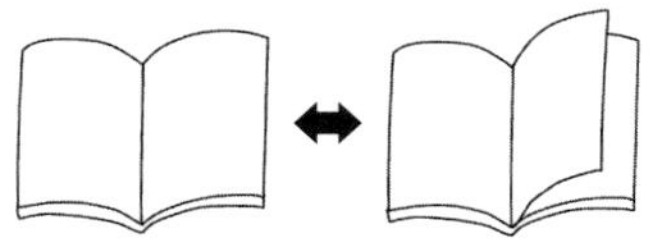

GIF アニメ②
▶▶ F-9-2-a

GIF アニメ②
▶▶ F-9-2-b

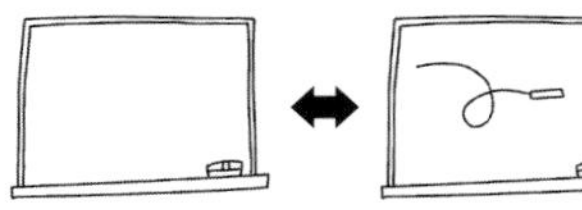

GIF アニメ③
▶▶ F-9-3-a

GIF アニメ③
▶▶ F-9-3-b

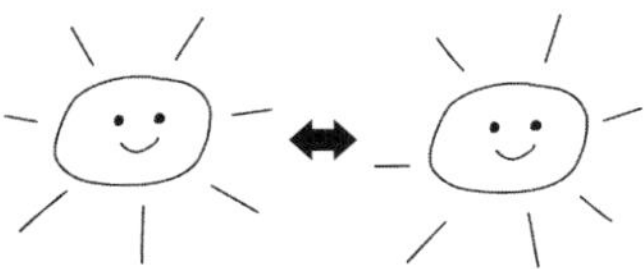

GIF アニメ④
▶▶ F-9-4-a

GIF アニメ④
▶▶ F-9-4-b

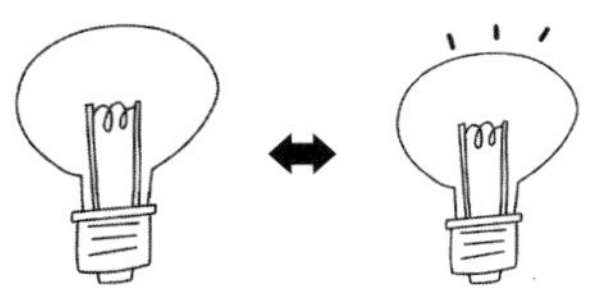

GIF アニメ⑤
▶▶ F-9-5-a

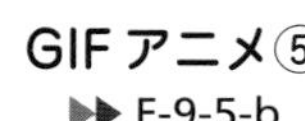

GIF アニメ⑤
▶▶ F-9-5-b

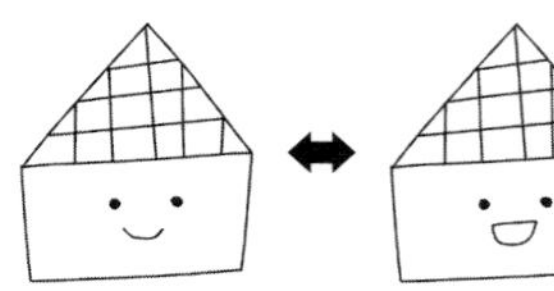

GIF アニメ⑥
▶▶ F-9-6-a

GIF アニメ⑥
▶▶ F-9-6-b

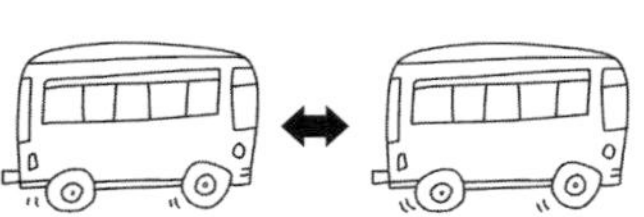

GIF アニメ⑦
▶▶ F-9-7-a

GIF アニメ⑦
▶▶ F-9-7-b

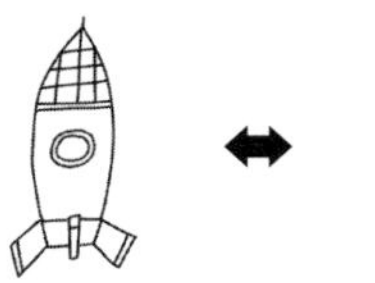

GIF アニメ⑧
▶▶ F-9-8-a

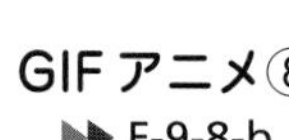

GIF アニメ⑧
▶▶ F-9-8-b

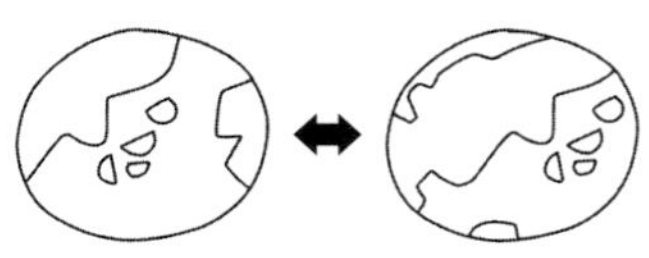

GIF アニメ⑨
▶▶ F-9-9-a

GIF アニメ⑨
▶▶ F-9-9-b

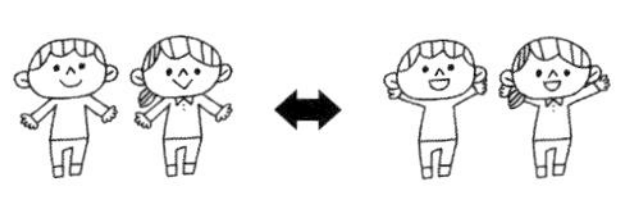

GIF アニメ⑩ ▶▶ F-9-10-a　GIF アニメ⑩ ▶▶ F-9-10-b

GIF アニメ⑪ ▶▶ F-9-11-a　GIF アニメ⑪ ▶▶ F-9-11-b

GIF アニメ⑫ ▶▶ F-9-12-a　GIF アニメ⑫ ▶▶ F-9-12-b

GIF アニメ⑬ ▶▶ F-9-13-a　GIF アニメ⑬ ▶▶ F-9-13-b

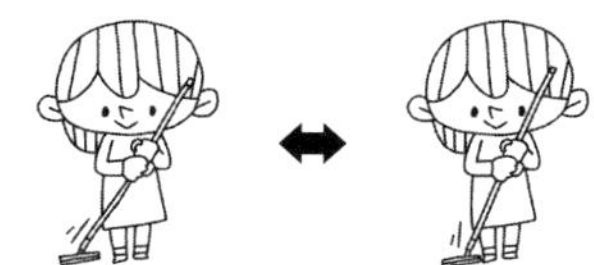

GIF アニメ⑭ ▶▶ F-9-14-a　GIF アニメ⑭ ▶▶ F-9-14-b

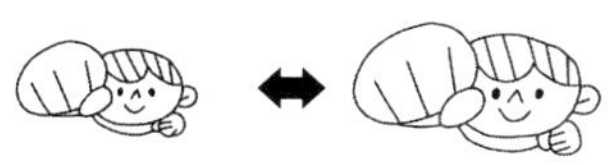

GIF アニメ⑮ ▶▶ F-9-15-a　GIF アニメ⑮ ▶▶ F-9-15-b

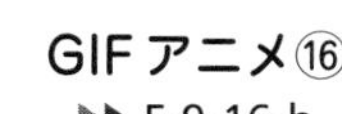

GIF アニメ⑯ ▶▶ F-9-16-a　GIF アニメ⑯ ▶▶ F-9-16-b

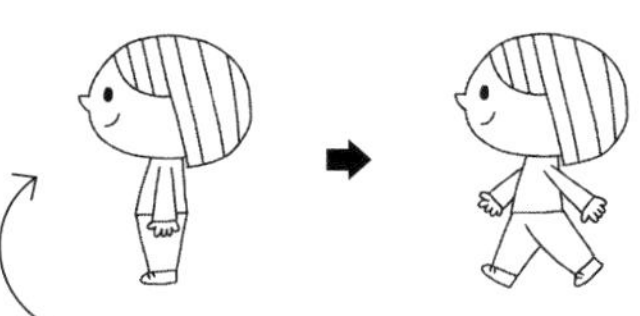

GIF アニメ⑰ ▶▶ F-9-17-a　GIF アニメ⑰ ▶▶ F-9-17-b　GIF アニメ⑰ ▶▶ F-9-17-c　GIF アニメ⑰ ▶▶ F-9-17-d

GIF アニメ⑱ ▶▶ F-9-18-a　GIF アニメ⑱ ▶▶ F-9-18-b　GIF アニメ⑱ ▶▶ F-9-18-c　GIF アニメ⑱ ▶▶ F-9-18-d

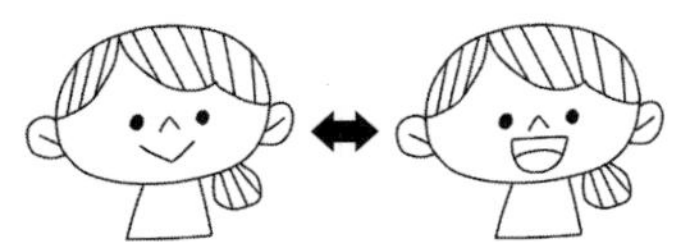
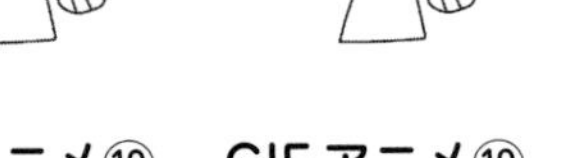
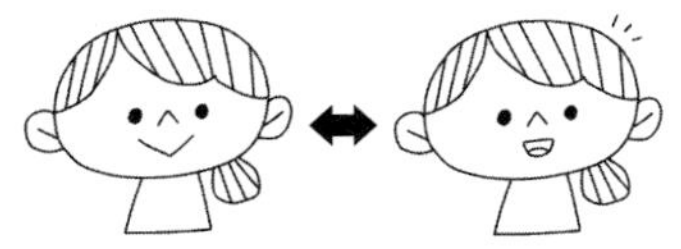
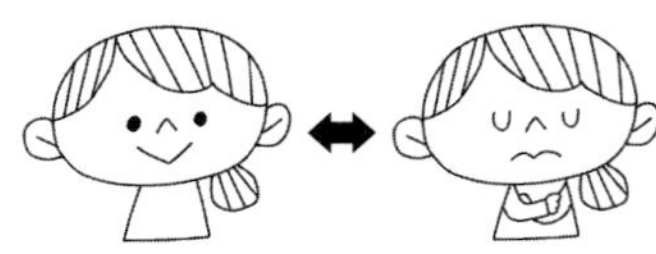

GIF アニメ⑲
▶▶ F-9-19-a

GIF アニメ⑲
▶▶ F-9-19-b

GIF アニメ⑳
▶▶ F-9-20-a

GIF アニメ⑳
▶▶ F-9-20-b

GIF アニメ㉑
▶▶ F-9-21-a

GIF アニメ㉑
▶▶ F-9-21-b

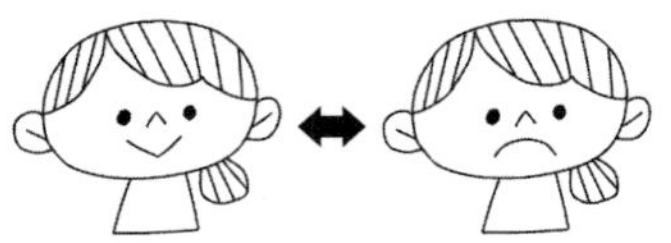
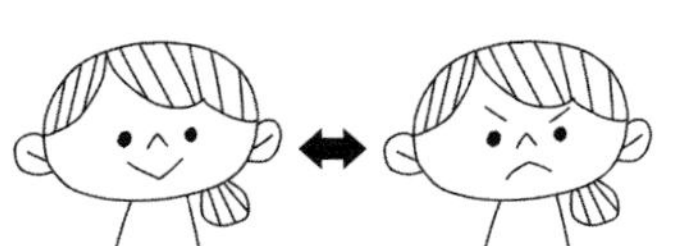
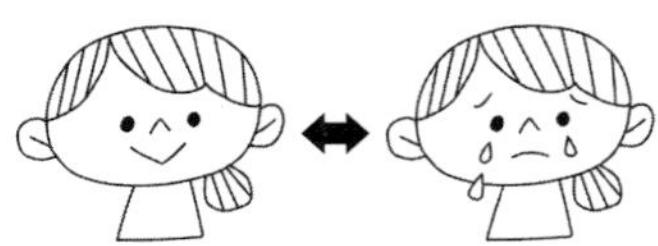

GIF アニメ㉒
▶▶ F-9-22-a

GIF アニメ㉒
▶▶ F-9-22-b

GIF アニメ㉓
▶▶ F-9-23-a

GIF アニメ㉓
▶▶ F-9-23-b

GIF アニメ㉔
▶▶ F-9-24-a

GIF アニメ㉔
▶▶ F-9-24-b

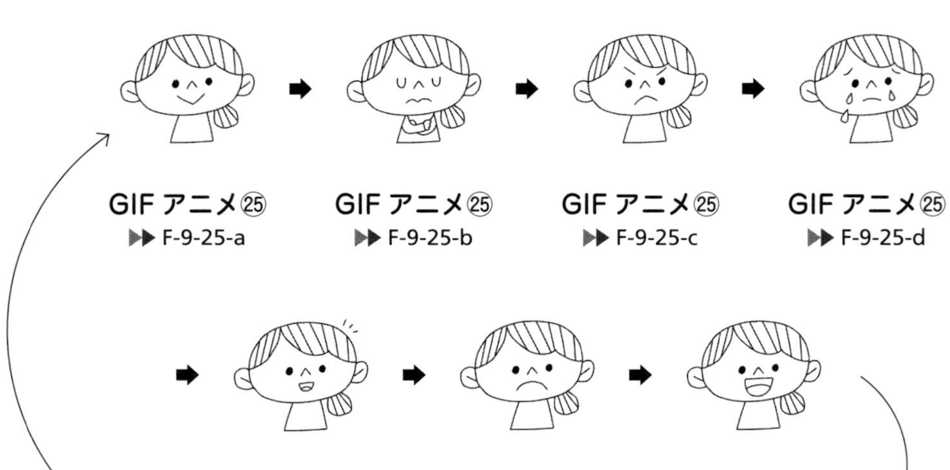

GIF アニメ㉕
▶▶ F-9-25-a

GIF アニメ㉕
▶▶ F-9-25-b

GIF アニメ㉕
▶▶ F-9-25-c

GIF アニメ㉕
▶▶ F-9-25-d

GIF アニメ㉕
▶▶ F-9-25-e

GIF アニメ㉕
▶▶ F-9-25-f

GIF アニメ㉕
▶▶ F-9-25-g

10 学校HP用イラスト

小学校の公式ウェブサイトなどで活用しやすい画像解像度72dpiのデータを収録しています（「72dpi」のフォルダのデータは、出力には適していません。出力用には、「color」と「mono」のフォルダのPNGデータをお使いください）。

学校HP用イラスト①
▶▶ F-10-1

学校HP用イラスト②
▶▶ F-10-2

学校HP用イラスト③
▶▶ F-10-3

学校HP用イラスト④
▶▶ F-10-4

学校HP用イラスト⑤
▶▶ F-10-5

学校HP用イラスト⑥
▶▶ F-10-6

学校HP用イラスト⑦
▶▶ F-10-7

学校HP用イラスト⑧
▶▶ F-10-8

学校HP用イラスト⑨
▶▶ F-10-9

学校HP用イラスト⑩
▶▶ F-10-10

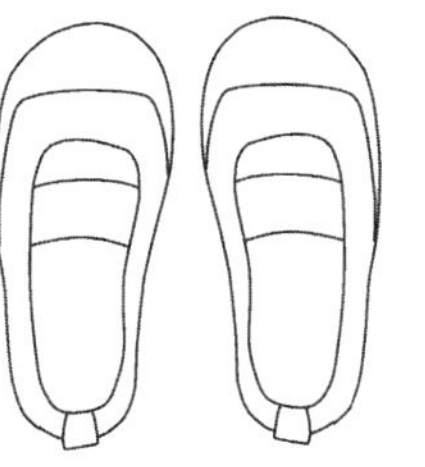

学校HP用イラスト⑪
▶▶ F-10-11

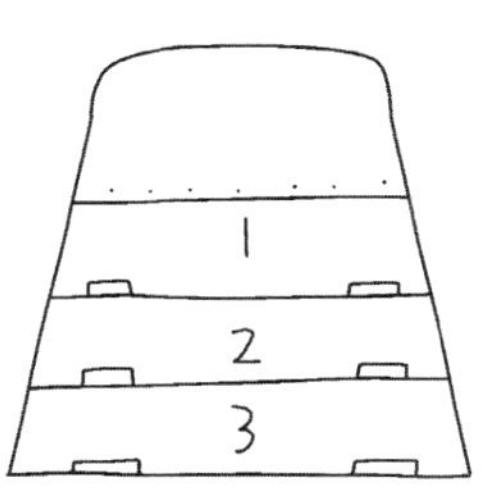

学校HP用イラスト⑫
▶▶ F-10-12

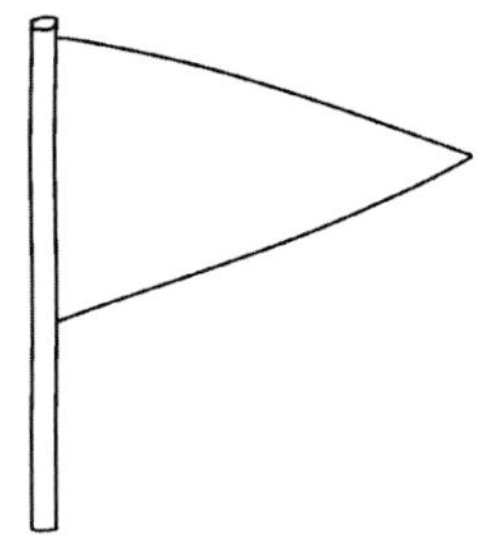

学校 HP 用イラスト⑬
▶▶ F-10-13

学校 HP 用イラスト⑭
▶▶ F-10-14

学校 HP 用イラスト⑮
▶▶ F-10-15

学校 HP 用イラスト⑯
▶▶ F-10-16

学校 HP 用イラスト⑰
▶▶ F-10-17

学校 HP 用イラスト⑱
▶▶ F-10-18

学校 HP 用イラスト⑲
▶▶ F-10-19

学校 HP 用イラスト⑳
▶▶ F-10-20

学校 HP 用イラスト㉑
▶▶ F-10-21

学校 HP 用イラスト㉒
▶▶ F-10-22

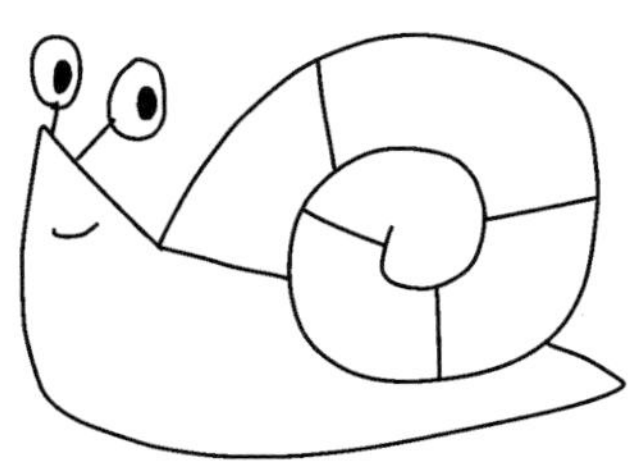

学校 HP 用イラスト㉓
▶▶ F-10-23

学校 HP 用イラスト㉔
▶▶ F-10-24

学校 HP 用イラスト㉕
▶▶ F-10-25

学校 HP 用イラスト㉖
▶▶ F-10-26

学校 HP 用イラスト㉗
▶▶ F-10-27

学校 HP 用イラスト㉘
▶▶ F-10-28

学校 HP 用イラスト㉙
▶▶ F-10-29

学校 HP 用イラスト㉚
▶▶ F-10-30

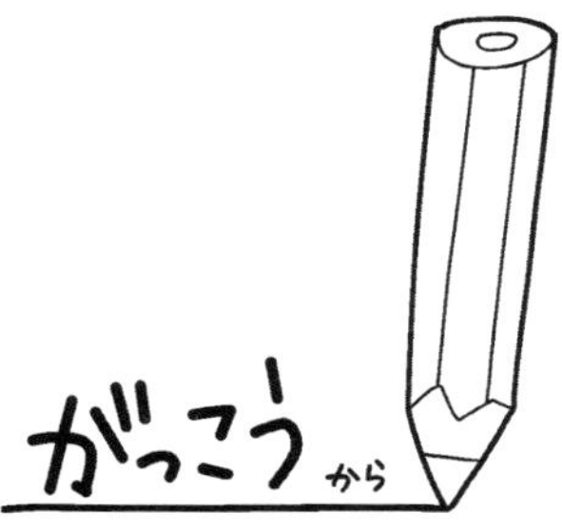

学校 HP 用イラスト㉛
▶▶ F-10-31

学校 HP 用イラスト㉜
▶▶ F-10-32

学校 HP 用イラスト㉝
▶▶ F-10-33

学校 HP 用イラスト㉞
▶▶ F-10-34

学校 HP 用イラスト㉟
▶▶ F-10-35

学校 HP 用イラスト㊱
▶▶ F-10-36

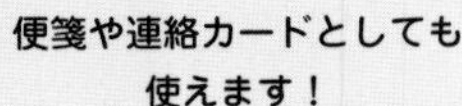

学校 HP 用イラスト㊲　▶▶ F-10-37

学校 HP 用イラスト㊳　▶▶ F-10-38

学校 HP 用イラスト㊴　▶▶ F-10-39

学校 HP 用イラスト㊵　▶▶ F-10-40

DVD-ROMを使用する前に

付属DVD-ROMには、本書で紹介した
テンプレートや素材が入っています。
使用する前に、下記の「収録データについて」
「ご利用上の注意」「DVD-ROMの構成」および
巻末（P.96）の「DVD-ROMのご利用に際して」を
必ずお読みください。

収録データについて

付属DVD-ROMに収録されているデータには、PNG形式・Word形式・GIF形式の3種類があります。

「PNG」は背景が透明になっているデータ形式のことです。他のイラストや文字との組み合わせに便利です。P.5〜88に掲載されているテンプレートや素材の画像データはカラー・モノクロともにPNG形式で収録されています。「時間割」や「賞状」など、一部のテンプレートはWord形式も収録しています。収録されているテンプレートは「Microsoft Office Word」で作成し、「Word97-2003文書」の形式で保存してあります。

また、P.82〜84に掲載されている「GIF」は複数のフレームを順に表示できるデータ形式のことです。「Microsoft Office PowerPoint」などのソフトで使用できます。

お使いのOSやアプリケーションのバージョンによってはレイアウトが崩れたり、開けないなどの可能性がありますので、予めご了承ください。

※Microsoft Office WordおよびMicrosoft Office PowerPointは、米国Microsoft Corporationの登録商標です。

ご利用上の注意

★イラストについて

付属DVD-ROMに収録されている画像データの解像度は、PNGデータが350dpi（P.85～88に掲載されている「学校HP用イラスト」は、72dpiも収録）、GIFアニメーションデータが72dpiです。画像データは、200％以上に拡大すると、画像が荒れてイラストの線がゆがんだり、ギザギザに見える場合がありますので、ご了承ください。

カラーのテンプレートや素材は、パソコンの環境やプリンタの設定等で、印刷した色調が本書に掲載している色調と多少異なることがあります。

ソフトウェアによってはイラストの解像度情報を読み込まないものもあるため、文書に挿入した際に極端なサイズ違いで表示されることもあります。

★動作環境

DVD-ROMドライブを内蔵または外付けしており、PNG形式およびGIF形式の画像データ、Microsoft社の「Word97-2003文書」が問題なく動作しているパソコンでご使用いただけます。なお、処理速度が遅いパソコンでは動作に時間がかかる場合もありますので、ご注意ください。また、Macintoshでの動作については保証いたしかねますので、ご了承ください。

★取り扱いについて

ディスクの再生面にキズや汚れがついたり、ゆがみが生じると、データが読み取れなくなる場合がありますので、取り扱いには十分ご注意ください。使用後は、直射日光が当たるなど高温・多湿になる場所を避けて保管してください。また、付属DVD-ROMに収録されているデータについてのサポートは行っておりません。

★使用許諾範囲について

付属DVD-ROMに収録されているデータ等の著作権・使用許諾権・商標権は、イクタケマコトに帰属し、お客様に譲渡されることはありません。また、付属DVD-ROMに含まれる知的財産権もイクタケマコトに帰属し、お客様に譲渡されることはありません。本書および付属DVD-ROMに収録されたデータは、無断で商業目的に使用することはできません。購入された個人または法人･団体が営利目的ではない私的な目的（学校内や自宅などでの利用）の場合のみ、本書および付属DVD-ROMを用いて印刷物、動画配信、WEBコンテンツを作成することができます。ただし、ロゴやアイコンでの使用は禁じます。

※ご使用の際に、クレジット表記や使用申請書提出の必要はありません。

DVD-ROMの構成

付属DVD-ROMのデータは、本書と同じカテゴリで収録しています。収録フォルダは各ページ上部に掲載しています。

- カラー版のファイル名は末尾に「c」(Wordファイルの場合は「wc」)が付いています。
- モノクロ版のファイル名は末尾に「m」(Wordファイルの場合は「wm」)が付いています。
- D章とE章のフォルダ内の一部には、Word形式のデータも、また、F章には72dpiのデータ、GIF形式のデータも収録されています。

DVD-ROMの開き方

付属DVD-ROMから使いたいテンプレートと
GIFアニメーションを開く手順を簡単に説明します。
ここでは、Windows10を使った手順を紹介します。

※お使いのパソコンの動作環境によっては操作の流れや画面表示が異なる場合があります。
予めご了承ください。

〈テンプレート〉

例として、「E章　学級づくりテンプレート」の「1　時間割」内にある「時間割③」（P.53）のモノクロ版のテンプレートを見つけてみましょう。

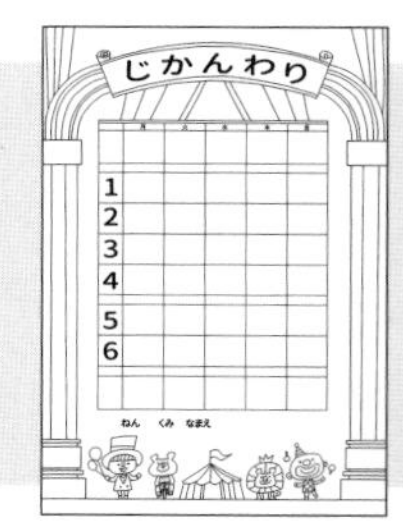

E-1-3

1 パソコンにDVD-ROMをセットする

DVD-ROMが起動すると、右図のような画面が表示されます。「フォルダーを開いてファイルを表示」をクリックした後、worksheet & templateフォルダをダブルクリックします。

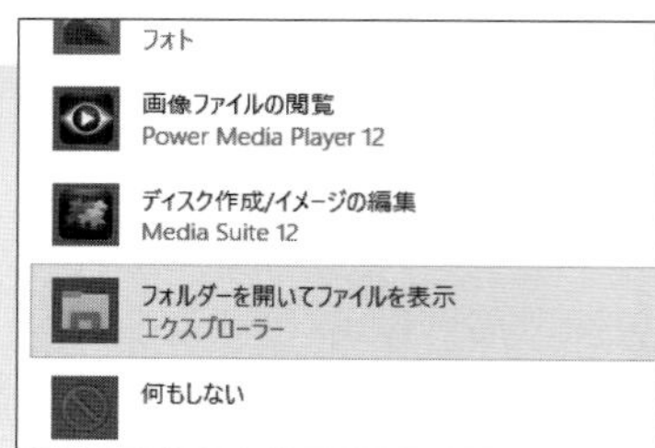

2 「章」のフォルダを開く

右図のように、各章(A～F)のフォルダが表示されます。今回は使用するテンプレートが「E章」のフォルダの中にあるので、「E」を選択してダブルクリックします。

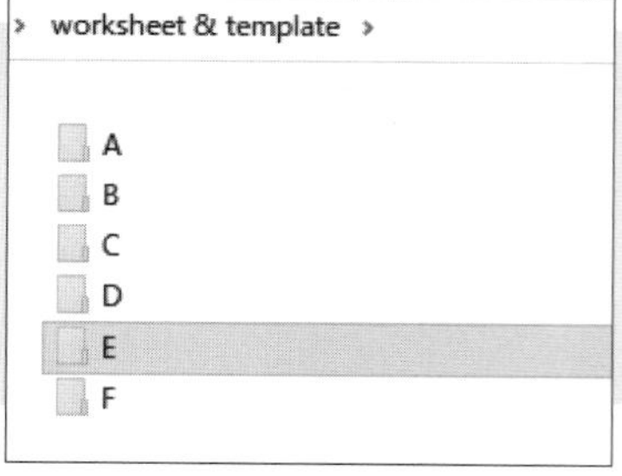

3 モノクロ版を選択する

E章のフォルダをダブルクリックすると、カラー（color)、白黒（mono)、ワードカラー（word color)、ワードモノクロ（word mono）のフォルダが表示されます。今回はテンプレートのモノクロ版なので、「mono」のフォルダをダブルクリックします。

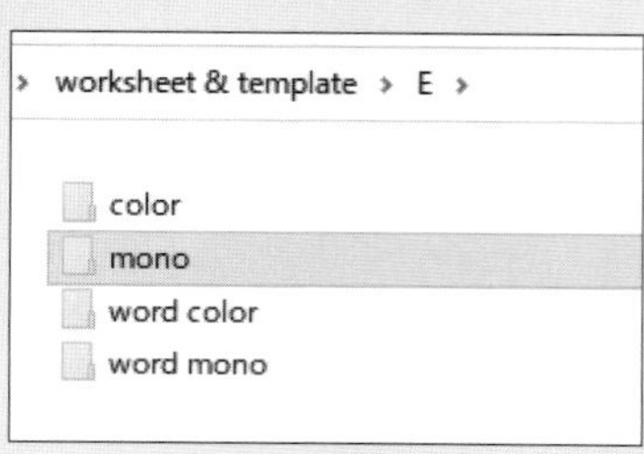

④ 項目のフォルダを開く

右図のように、E章の中の項目番号に対応したフォルダが表示されます。今回は「時間割」項目内にあるテンプレートなので、「1」をダブルクリックします。

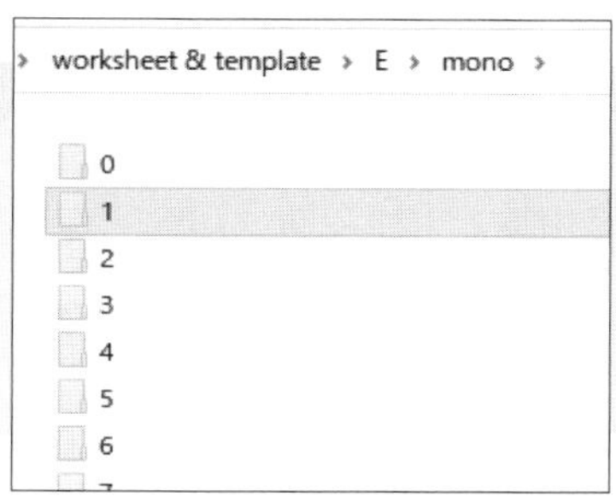

⑤ 使いたいテンプレートを選ぶ

「1」のフォルダを開くと本書のP.52 ～ 53のテンプレートデータが入っています。今回使用したいテンプレートのファイル名は「E-1-3」と表示されるので、そのデータをフォルダ内から探し出しましょう。

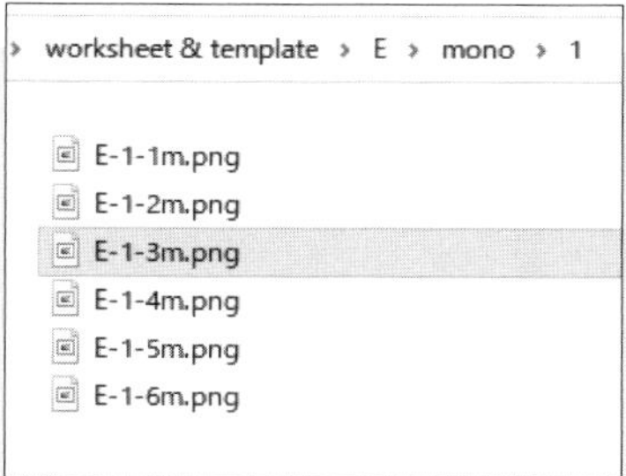

《GIFアニメーション》

＊Windows10にインストールしたMicrosoft Office PowerPoint 2010を使用した手順です。

① PowerPointにGIFアニメーションを挿入する

メニューの「挿入」→「図」の順にクリックして、「図の挿入」からF章のGIFアニメーションフォルダ（gif）の中の使いたいものを選び、PowerPointに挿入します。

② 挿入したGIFアニメーションを動かす

①で挿入したGIFアニメーションの配置や大きさを調整し、メニューの「スライドショー」→「スライドショーの開始」グループから「最初から」または「現在のスライドから」などを選ぶと再生します。

データの活用法

Microsoft Wordでテンプレートや素材を
活用してみましょう。ここでは、Windows10にインストールした
Microsoft Office Word 2010を使用した手順を紹介します。

※DVD-ROM内のデータを開く手順はP.92～93をご覧ください。

テンプレートを活用する

ここでは、Word形式で時間割①（P.52）を作成する方法を簡単に解説します。

1 文字を入力する

文字を入力したい部分に、メニューの「挿入」→「テキストボックス」→「横書きテキストボックスの描画」の順にクリックして、テキストボックスの枠を合わせます。その枠内に文字を入力していきます。

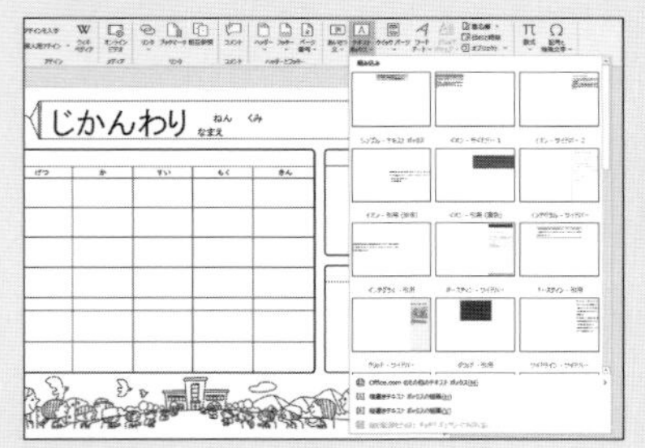

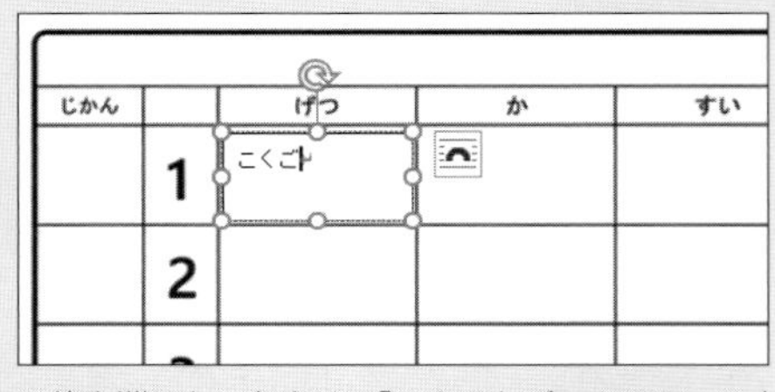

※枠を消したいときは、「テキストボックスツール」「書式」の「図形の枠線」で「線なし」を選択します。

2 文字をデザインする

上部にあるツールバーでフォントの種類やサイズ、色を変更・調整することができます。とくにカラーバージョンを利用するときは、文字の色も変えるとよいでしょう。

色を選んでクリック

★★★ イラストカットを活用する ★★★

① Wordにイラストを挿入する

メニューの「挿入」→「図」の順にクリックをして、「図の挿入」から使いたいイラストを選び、Wordに貼り付けます。

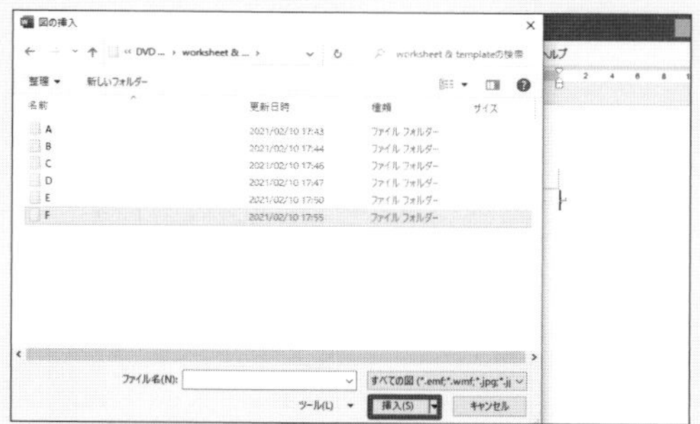

② 挿入したイラストを動かす

①で挿入したイラストはそのままでは行内に固定されていて動かせません。挿入したイラストの上で右クリックして出てくるメニューから「文字列の折り返し」を選びます。一番上の「行内」以外のものを選んでクリックすると、イラストを動かせるようになります。

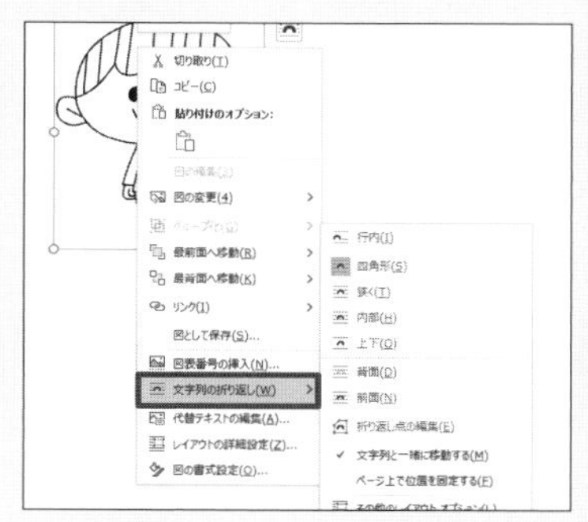

③ イラストと一緒に枠や文字を入れる

メニューの「挿入」→「図形」の順にクリックすると、様々な図形を出すことができます。例えば、「吹き出し」を選びドラッグすると、右図のように吹き出しのかたちのテキストボックスが出ますので、活用してください。

※枠や色を消したいときは、テキストボックスの枠上で右クリックをすると出る「図形の書式設定」から変更してください。

＼大好評！／
イクタケマコトの本

本書と合わせてご活用ください！

『カンタンかわいい
小学校テンプレート＆イラスト
CD-ROM 付
──低・中・高学年すべて使える！』
（学陽書房）

『1年中使えてカンタン便利！
小学校 学級経営
いろいろテンプレート
DVD-ROM 付』
（学陽書房）

『GIF アニメも収録！
子どもがワクワク喜ぶ！
小学校教室グッズ&テンプレート
DVD-ROM 付』
（学陽書房）

『カンタンかわいい！
子どもがよろこぶ！
保育のイラストカード&ポスター
CD-ROM 付』
（学陽書房）

子どもが喜ぶイラストがいっぱい！
オンラインでも役立つ！ 小学校 ワークシート&テンプレート DVD-ROM付

2021年3月25日　初版発行
2023年2月22日　3刷発行

著　　者　イクタケマコト
発 行 者　佐久間重嘉
発 行 所　学陽書房
〒102-0072　東京都千代田区飯田橋1-9-3
営 業 部　TEL 03-3261-1111　FAX 03-5211-3300
編 集 部　TEL 03-3261-1112
http://www.gakuyo.co.jp/

デザイン　佐藤明日香、鄭在仁（スタジオダンク）
印　　刷　加藤文明社
製　　本　東京美術紙工

ISBN978-4-313-65425-9 C0037

乱丁・落丁本は、送料小社負担にてお取替えいたします。
定価はカバーに表示してあります。

著者紹介

イクタケマコト

福岡県宮若市出身。教師生活を経てイラストレーターに転身。教科書や教材のほか、広告などのイラストを手がける。
また、主夫として毎日の家事にも励んでいる。
現在、横浜市在住。

著書
『中学・高校イラストカット集1200』（学事出版）
『主夫３年生』（彩図社）
『まいにち哲学カレンダー』（学事出版）
『としょかん町のバス』（少年写真新聞社）

制作実績
『たのしいせいかつ』『たのしいほけん』（大日本図書）
『ほけんイラストブック』（少年写真新聞社）他、
教科書教材多数。
共和レザー株式会社、国分グループ本社株式会社、
三ツ井住友建設株式会社、東京都、神奈川県他、
広告イラスト多数。

HP　http://ikutake.wixsite.com/makoto-ikutake
mail　neikonn@yahoo.co.jp

DVD-ROMのご利用に際して

ご利用の際は、P.89 ～ 91の「DVD-ROMを使用する前に」をお読みいただき、内容にご同意いただいた上でご利用ください。

＊本書収録内容および付属DVD-ROMに収録されているデータ等の内容は、著作権法上、その一部または全部を、無断で複製・コピー、第三者への譲渡、インターネットなどで頒布すること、無断で商業目的に使用することはできません。

ただし、図書館およびそれに準ずる施設での閲覧・館外貸し出しは可能です。その場合も、上記利用条件の範囲内での利用となります。

免責事項
本書および付属DVD-ROMのご使用によって生じたトラブル・損害・被害等のいかなる結果にも、学陽書房およびイクタケマコトは一切の責任を負いません。